君に伝えたいこと

15歳の人生レッスン

君に伝えたいこと

はじめに――「未知のもの」が君を待っている

君はいま、毎日をどう過ごしていますか。「なんとなく……」。そんなふうに日々、過ぎて行くような感じがしていますか。

毎日が面白くてたまらないと思っていますか。もし、そうならば、この本はあまり役に立たないかもしれません。ほどほどに楽しいことや、辛いこと、うれしいことや悲しいことがあるけれど、「なんとなく」一日が、ひと月が、一年が過ぎて行く、そんな君に是非とも読んでほしいのです。

君は、どこかで何か物足りない気持ちを抱えていませんか。夢中になるものや、没頭できるものがあるわけでもなく、それでいてとても退屈で仕方がないわけでもなく、でも、何か足らない、そんな思いをしていないだろうか。世のなかでは、そんな君たちを覇気がないとか、若いのにもう老成しているとか、いろいろと批評しているけれど、「なんとなく」と思ってしまうのは、君のなかに「未知のもの」が君を待っているという感覚が薄れているからだと、僕は思う。

スマホを動かせば、瞬時に、世のなかで、世界で起きていることについてたくさんの情報を引き出せるし、ネットでつながろうとすれば、誰とでもつながれるし、君は何だかこの世のなかには「未知のもの」なんてありそうにもないという気分になっていないか。でも、はっきり言おう、君が君の身体を通じて学んだことや体験したことでなければ、実際には知ったことにはならないんだ。知るということは、君の身体を通じた生きた知識のことを言うんだ。

そう考えれば、君には知らないことがいっぱいあるはずだし、実は、君を「未知のもの」が待っているんだよ。「未知のもの」ってなぁに？　と問われれば、それは「未知のもの」と言うしかない。それは、一人ひとり違うんだ。世界には一人として同一の人間なんていないようにね。君にしか、また君しか知りえない、君しか体験しえない「未知のもの」、それが君が来るのをじっと待っているんだよ。何て素敵で、エキサイティングだとは思わないか。この本を読んだ後には、きっとそんな気分になれるはずだ。

目次

ブックデザイン ——渡部岳大（ウエル・プランニング）
扉写真 ——近藤知世
編集協力 ——中島久美子　松井貴子

Part

1

自分って何だろう?

自分をどう捉えたらいいのか悩んでいる?
君はいま、大人になりつつあるんだね

君くらいの年齢ならば、きっと自分って何なんだろうって、考え始める年頃だね。人は、大人になっていくにつれて、やや難しく言うと、「自己意識」というものをもち始めるんだ。「自己意識」って、自分で自分自身を問題にするようになることだね。

君はよく、何か悪いことをしたり、落ち度があったりすると、親や先生から「反省」しなさいと、叱られたりすることはないかな。反省って、自ら省みるということだけど、それは、自分自身を省みて、自分のこと

を捉え直す能力を指しているね。それって、自分のなかに自分自身と距離を置くことのできるもう一人の自分がいるということなんだ。

果たして、それは幸せなことかどうか、わからない。でも、大人になる、生きるってことは、そうした距離ができたり、分裂を抱えたりすることを引き受けていくことを意味しているんだ。

というわけで、自分が気になって仕方がないと思ったら、そう思うことそのものが、自分が大人になりつつあることの表れだと思ってほしい。そして自分のなかに「自己意識」がハッキリと芽生えつつあると捉えてほしい。自分を好きになるのか、嫌いになるのか、それは次の問題で、大切なのは、自分を気にするようになった自分を否定する必要はないということなんだ。むしろ、それは、君が確実に成長しつつある証《あかし》と思ってほしい。

鏡の前で、君は1時間以上、自分の顔を見ていられるだろうか

君くらいの年齢の頃、僕も自分を好きになれなかったことがあった。ハッキリとは憶えていないけれど、あるとき、鏡を見ていて、急に何だか自分の顔が妙ちきりんに見えて、それから自分の顔が嫌いになり、そして自分そのものが好きになれなくなったんだ。

自分が何となく好きになれないという――君にも同じような体験はないかな。もうわかったと思うけど、鏡が自分の自尊心や自己嫌悪を映し出すように見えるのは、君のなかに「自己意識」が働いているからなんだ。

でも、さっきも言ったように、「自己意識」の働きは、大人になって

いく証《あかし》だったよね。だから、その働き自体をくよくよ思いわずらう必要はないはずだ。要は、君がいら立ったり、失望したりしていることが、君の自由な選択によって変えることができるものなのか、それとも、まったくその可能性がないものなのか、それを見極めておくことが重要なんだよ。

顔が不細工だとか、胴長短足だとか、自分の顔や体型に不満を抱いていても、それは自分の自由な選択でいかようにも変えられるわけじゃないよね。

人間がそれなしには生きられない身体という「器」は、自由に選んだり、変えたりできない、ただ受容するしかないものなんだね。この意味で、人間はもともと自由ではないんだよ。そんなふうに見切ってしまえば、自分の顔や体に劣等感をもっていても、それは自分のせいではないんだから、少しは心が軽くなるんじゃないか。

昆虫標本みたいにピンで留められて、もう動けないような感覚になる？

自分の自由にならない顔や体つきではなく、自分次第でどうにでもなることで能力がないように思えると、落ちこんでしまうよね。たとえば、学校の成績だね。自分ではそれなりにがんばっているのに、少しもその成果が上がらず、自分ってダメな奴だと思っている人はいないかな。

いまの学校って、少し引いて眺めれば、昆虫の標本のように一人ひとりの生徒をピンで留め、各々の生徒がどこに位置づけられるのか、それを目に見えるように明らかにするシステムのようなものだね。このシステムのなかで生きている限り、成績だけがすべてではないと言っても、やはり成績が気にならざるをえないんじゃないかな。

でもね、そんなに心配する必要はないよ。成績がよくて、将来、難関大学に入学して「めでたし、めでたし」に見えても、卒業するときは、ほとんどの人が普通のサラリーマンやサラリーウーマンになるんだから。

それに、自分が将来、勤めることになる職場が、ずっと安泰だという保証なんてどこにもないはずだ。だから、成績が悪いだけで、自分には取り柄《え》がないなんて落ちこむ必要はないよ。

学校で自分の位置ばかり気にしているのは、ちょっともったいない気がする。むしろ大切なことは、自分って何なのか、それを考えてみるために、これはと思う本を読んだり、自分が本当は何に興味や関心があって、何をやりたいのか、それをじっくりと考えてみることだね。

何でも知りたがる親に、うんざりすることもあるかもしれない

容姿や体つきが自分で選べないように、親も選べないよね。どの親がいいのか、選んで生まれてきた人っていないはずだ。自分の自由な選択ではないものによって自分の人生が大きく左右されるとしたら、それは運命や因果としか言いようがないね。

でも、君は小さい頃は、それを受け入れてきたんじゃないかな。親と、とりわけ母親といっしょにいて、親に依存しているとき、とても安心していられたはずだ。でも、先にも触れたけれど、やがて「自己意識」が芽生え、親と一体化するよりは、親との距離に気づき、また自分のなかにも、もう一人の自分を発見するようになり、親から離れてみたいとい

う気持ちになるんだね。

ところが、君くらいの年齢だと、親を頼りにしたい気持ちがなくなってしまうわけではないから、親とどんな距離をとったらいいのか、よくわからなくなるときがあるんじゃないかな。だから、親が鬱陶《うっとう》しくなるんだろうね。でもそう思ったら、これは自分が自由の味を知り、大人になっていく途上にあるからなんだと思ってほしいね。

というわけで、親が鬱陶しいと思っても、それは決しておかしなことでも何でもなくて、むしろ「正常な」ことなんだ。そう思って親と接すると、少しは余裕が出てくるんじゃないかな。

「好かれたい」「愛されたい」だからって、そんなに神経をすり減らさなくていいよ

君くらいの年頃なら、周りの人が自分をどう見ているのか、とても気になるよね。それは、例の「自己意識」のなせる業《わざ》なんだ。他者の目をもって自分を眺める。それができるから、嫌われているんじゃないかと思い悩むんだね。

よほどのへそ曲がりでなければ、だれだって嫌われるよりは好かれたいと思うはずだ。好かれたい、愛されたい。そうした願望はだれにだってあるけれど、それが度を過ぎると、逆に嫌われていることに過度に敏感になり、周りの人が自分をどう思っているのか、いつも気にして神経をすり減らすことになってしまうんだね。

どうしてそうなるのか、よく考えてみると、それは君が自分のことを過剰に愛しているからだよ。つまり、自己愛が強すぎるんだね。自己愛が強すぎて、自分のことで頭が一杯で、だから少しでも嫌われていると思うと、そのことが気になって身動きできなくなるんだね。

自己愛が強すぎる人って、実は、自分が無条件に肯定された経験がない場合が多いんじゃないかな。

だとすれば、自分の名前（仮にXとしよう）を呼んで、自分自身に言い聞かせてみるといいよ。

「今日はよくやったね、X。偉いよ。明日もよろしくね」

夜寝る前に鏡に向かって呼びかけてみるんだ。それを毎日続けていれば、自己肯定感が自然と体中に漲《みなぎ》って、周りの人が自分を嫌っているんじゃないかとか、そんなことに神経をすり減らさなくてもいいはずだよ。

十数年の人生で、何だかすべてが
わかってしまったように感じているのかな

君は、文豪・夏目漱石の名作『草枕』の有名な書き出しくらいは知っているんじゃないか。

「智に働けば角が立つ。情に棹《さお》させば流される。意地を通せば窮屈だ。兎角《とかく》に人の世は住みにくい」

漱石はこの世のなかで生きることが息苦しくて仕方がないと嘆いているんだね。百年前も、いまも同じだね。

学校では成績のことばかり、家に帰れば親から勉強しろと言われ、ハメをはずすと叱られ、遊びたいと思っても、いっしょにつるむ友達もいないとすると、やはりくつろげないよね。しかも、勉強しても結局、あ

くせく働いて余裕のない父親や共働きの母親のようになるとしたら、何だか未来が味気なく見えるかもしれないね。

ただ、考えてほしいんだ、息苦しいと思うのはどうしてかって。それは、きっと君が何だかすべてがわかってしまったように感じるからではないかな。将来の自分も含めて、すべてが方程式の既知数のように見えて、未知のものがないように思えるからではないかな。でも、本当にそうだろうか。

決してそんなことはないよ。携帯やスマホをちょっと動かせば、無限の情報にアクセスできるかもしれないけれど、それらは自分の生の体を使って得られた知識ではないし、実際には「知ったつもり」でいるだけかもしれない。

人間には否応《いやおう》なしに、身体という「器」があり、その器を通じて得た知識こそ、自分にとってかけがえのない生きた知識なんだ。それがどんなものなのか、それは君にとっては未知数なんだよ。まだ知られていない未知のものなんだ。

つまり、君の前には未知のものが開かれ、君を待っているんだね。そう思えば、いまは息苦しくても、いつかは爽快な気分になるときもあるかもしれない。

「話しベタで人とうまくコミュニケーションがとれません。どうしたらいいですか」

学生からこんな質問を受けることが多いね。

「先生のようにうまくしゃべれるようになるには、どうしたらいいですか?」

実は、僕も大学生になるまで、人前で話すことが苦手で、人から見つめられると、俯《うつむ》いてボソボソと呟《つぶや》くような話しベタで、コミュニケーション力がまったくなかったんだ。

ただ、偶然にも録音された自分の話し声を聞く機会があり、

「え⁉　これが自分の声なのか」

とびっくりすることがあったんだね。まるで他人の声のように思え、あらためて自分の声がイヤになったんだけれど、何度か録音された自分の声を聞くうちに、どういうわけか、

「おや、俺って結構、いい声してるじゃないか」

と思うようになったんだ。

そんなときに、これも偶然だけれど、自分のことを一方的に捲《まく》し立てるんじゃなくて、じっくりと僕の話にひたすら耳を傾けてくれる友人に出会ったんだね。その友人と何度か対話を重ねていくうちに、僕はわだかまりなく人前でも話せるようになり、コミュニケーションの力も自然

に身につくようになったわけだ。

こうした経験を一般化することはできないけれど、まず手始めに自分の声を録音して、毎日、聞くようにしたらいいかもしれない。

そして話し上手ではなく、「聞き上手」の友人と出会うことだね。「聞き上手」の人は、決して相手の反応におかまいなく、捲《まく》し立てたりしないから、だれが「聞き上手」なのか、すぐにわかると思うよ。

他人がうざったくなって、胸がスカッとするくらいどやしてみたくなることはないかな

みんなだってストレスがあるんだから、イライラして、ときにはキレ

てしまいたくなることもあるかもしれないね。でも、キレてしまえば、自分を見失ってしまうし、その後にきっと後悔することになるんじゃないかな。だから、こう考えてほしいんだ、学校でも、会社でも、この世《せ》知辛《ちがら》い世のなかに生きている限り、イライラは尽きないし、人がイヤになることだってあるんだと。再び、漱石の言葉を引用すると、

「唯《ただ》の人が作った人の世が住みにくいからとて、越す国はあるまい。あれば人でなしの国へ行く許《ばか》りだ。人でなしの国は人の世よりも猶《なお》住みにくかろう」

というわけだね。人が生きるということは、このありふれた、人のつくった世のなかで生きるということであり、それは冒険心やロマンティックな夢を満たしてくれる世界ではなく、ありふれた日常の世界であり、学校も家庭も、地域もそうなんだね。

実に細々《こまごま》とした些細《ささい》なことで泣いたり、笑ったり、悲しんだり、踊ったりしている世界なんだよ。君はいま、そうした世界の入り口で、

「何かいいことないかなぁー」
と外の世界をキョロキョロと眺めては失望し、イライラしているのかもしれない。でもその日常のありふれた世界のなかにこそ、実は未知のものが潜んでいるんだね。それを少しずつ自分の身体を通じて発見していくことこそ、生きるってことなんだ。だから、イライラして不満なことが多くても、そんなに熱《いき》り立つ必要はないし、ましてやその憤懣《ふんまん》を他人にぶちまける必要もないはずだね。

自分とは、これまで遭遇《そうぐう》してきたすべてのこと
君もたくさんの出会いを求めてほしいな

君が自分を変えたいと思っているとしたら、変えたいものがあるはずだね。それは、変えたいんだから、きっと君にとってイヤだったり、なくしてしまいたいものなんだろうね。でも、それが自分の自由な選択では変えられないものであれば、それを受けとめた上で、もう一度考えてみよう。

では、変えたいものって、君の性格なんだろうか、あるいは君の欠点なんだろうか。肥満ややせすぎといった体型にかかわるものであれば、さほど困難ではないかもしれないね。でも、性格や欠点となると、目に見えないものだし、そもそもどう変えるのかと問う前に、どんなものへと変わりたいのか、そのことをハッキリさせておく必要がありそうだね。

たとえば、暗い性格なので、明るい性格に変わりたいとか、怠け癖がついているので勤勉な人に変わりたいとか……。

最終的に、何を目指しているのか、そのことをしっかりと認識したうえで、性格を改善し、長所を伸ばしていけば、状況を少しは変えられるかもしれない。そしてそのためには、自分以外の人との出会いが必要だということも忘れないでほしい。
「私とは、これまで出会ったものすべてのものの一部である」
I am a part of all that I have met.
という英国の詩人・テニソンの言葉があるように、自分を変えたい、変わりたいと思うなら、人と出会うことが必要なんだ。

まだ、これといった「成功体験」が味わえていない自分にいら立つ?

そんな体験はざらにあるものではないね。ただ、立ち止まって考えてほしいのは、「成功体験」と言うときの「成功」ってどんなことなのかということだ。

例えば、学校の成績だけれど、確かにがんばって勉強して成績が上がれば、先生からほめられ、親からも喜ばれて、「やったー」という気分になるかもしれない。

どうしてそういう気分になるのかと言えば、他人から認められるからだよね。つまり、自分以外の、大人たちが「成功」だと認めてくれるから、君は「成功体験」だと思うんだろうね。

でも、もし君がやったことが、君しか知らず、だれも、友人も大人も知らないとして、それでも、君が自分自身に対して「やったー、成功！」と叫んだとしよう。それは単なる自己満足で、「成功体験」なんかじゃないと言えるだろうか。

僕はそうは思わない。君がそれで満足し、君が「成功体験」だと思うんだったら、それはやはり「成功体験」なんだよ。

君くらいの頃の僕のささやかな体験だけれど、河原で霞み網にひっかかってもがいている小鳥を掬《すく》い上げて、運よく放してあげることに成功したとき、思わず「やったー」とひとり河原に向かって叫んでいたね。それを知っているのは、僕だけだったけれど、それでもそれは「成功体験」だったんだ。

そのことが成功なのかどうかは、君自身が決めていいんだ。そして、どんな人にも「成功体験」はある。

Part 2

なぜ人を好きになる？嫌いになる？

あの人に好かれたい、という気持ちは、なぜ出てくるのだと思う?

ふり返ると僕は、中学生の頃、年上の先輩にあこがれることがあった。「この人はほかの人とは違う」、「いっしょにいたい」、と思った。あこがれの対象は、勉強でもスポーツでもなんでもいいんだけれど、とにかくすごいと思える人。女の子の場合も、すてきなあこがれの先輩がいたりするんじゃないだろうか。

多くの場合は、あこがれの人がいれば、その人に好かれたいと思う。ここで家族や両親から「あなたが大好きよ」と言われても、君は満足しないだろう。

君は、あこがれの人から好かれたいんだ。これは、家族や親戚でなく、他者との関係で「好きか嫌いか」を含めて新しい関係性をもちたいと思うようになったからだね。

他者との関係を意識し始める、つまり社会人になりかけているということだ。

好きになるよりは、
好かれたい気持ちが強いんじゃないかな

僕はこれを、「アテンション（人間的な関心）」という言葉で考えてみたいと思う。

人間は、いろいろなものに興味をもち、関心を示す。君も音楽やスポーツ、動物や植物、食べ物など、いろんなものに関心を向けているだろう。でも、それと、だれかほかの人、つまり人間に向ける関心は、同じではないはずだ。

だれかに関心が向くということは、君がその人を、一人の人間として見ているということ。目にもとめないような、道ばたに転がっている石じゃなく、自分と同じ、生きている一人の人間と認めて、気になったり好きになったりするんだね。

これが他者に対する「人間的な関心＝アテンション」だ。アテンションが向けられるということは、自分の存在が認められたということだね。

もし君が、だれからも関心をもたれず、空気のように扱われたら、どんな気分？

たとえばあるドキュメンタリー番組で、仕事のないホームレスの人が、ボーっとした無表情でインタビューに答えていた。その後、その人は道路の清掃の仕事に就いたけれど、まだホームレスのままだった。

そして2回目のインタビューを受けたときだ。いまの気持ちを聞かれた彼は、しばらく黙ったあと、やがて泣き出した。

1回目のインタビューでは、彼は涙も出なかったという。涙のわけを聞かれると、彼は、仕事をしていたら通行人から「ごくろうさま」と声をかけられたと言った。つまり、だれかが彼にアテンションを向けたんだ。アテンションが向けられることで、彼は自己肯定感（自分という存在を大切に思う気持ち）をもつことができた。

1回目のインタビューのとき、彼はだれからもアテンションを向けられていなかったのかもしれない。それは、道ばたの石や空気のように、いてもいなくても同じだということ……とても耐えられないだろう。

自分は自分でいいんだという肯定感がないと、自分はこの世界にいてはいけない人間なんだと思ってしまう。すると、自分と世界のあいだに大きなすきま風が吹くことになるんだ。

僕らは一見、強いように見せて、脆《もろ》い部分を抱えて生きている

このすきま風が吹き続けると、僕たちは閉じこもったり、こんな世界

なんてどうなってもいいやと思ってしまう。それがひどいかたちであらわれると、最後には暴力になってしまうかもしれない。

いじめやシカトをしている人たちは、反対に、自分がだれからもアテンションが向けられなかったら、どんな気持ちがするだろうと想像してほしい。

だれもがかけがえのない一人の人間として生きているのだから、君が好きな人だけでなく、好きじゃないと思う人もそこにいていいんだと考えてみてほしい。

それが、少しずつ君が賢くなっていくことだと僕は思う。

「君はここにいていいよ」

と、家族や親戚以外のだれかから認められることは、人間にとってとても心地のいい状態だ。

まして、自分がアテンションを向けるだれかから認められれば、こんなにうれしいことはないだろう。それは、自分は自分でいいんだという自己肯定感にもつながる。だから僕たちはだれかを好きになり、そして好かれたいと思うんだ。

多くの人は、だれかを好きになるよりも、好かれたいという気持ちのほうが強いのかもしれない。どちらかと言えば、僕もそうだった。


「相手を自分のなかにとりこみたい」

そんなふうに、感じたことはないかな?


そう、いちばんの幸せは、自分がアテンションを向ける人から、アテンションをもらうことだ。

「やさしい言葉がほしい、ほめられたい……」

そのために、僕たちは必死になって努力する。ときには、その人にとって自分はどういう存在か、ということを忘れて、こっけいなまでにほめられたいと努力することもあるね。

好きな人と手をつなぎたいとか、いっしょにいたい、と思う気持ちは小学生ぐらいから芽生えているんじゃないかな。そして、相手を自分のなかにとりこみたい、相手と自分をいっしょにしたいといった気持ちを感じたことはないかな。それはアテンションの対象を自分に「自己同一化」したいという欲求が目覚めてきている証拠だね。それは、だんだんと大人に向かっているということでもある。

想いがすれ違ったときは、為すすべもなく、モヤモヤを抱えて、立ち往生するかもしれない

10代半ばの時期は、険しい谷にかかった丸太の上を歩いているようなものなんだ。多くの人はそっと丸太をわたり、大人の世界の入口へと到着する。けれども、まだ「自己意識」があやふやなこの年代の君たちは、一歩まちがえば谷底に転落してしまうような危うさをはらんでいる。

このときに、だれかを好きになってそこで挫折すると、かなりしんどいね。いくつになってもそれはつらいことだけれど、とくに大人に向かう過渡期にいる君たちには、なかなか消えない心の傷になることだってある。

でも、こう考えてみよう。

街を歩いているとき、僕たちの意識は自然に流れている。そこで何かに目が止まり、ふと立ち止まったとしよう。

このとき、君の意識の流れは止まっている。意識の流れをせき止めて、そこに踏みとどまり、静止している状態だ。

これがアテンションであり、人を好きになるということや愛情を注ぐということだと思う。


「愛すること」「憎しむこと」

どちらも、状態としては同じなんだ

反対に、相手を憎んだり嫌いになるのも、意識の流れが止まっている状態は同じだ。

「愛も憎しみも紙一重」

というのはこういうわけで、これまで好きだった人を突然、嫌いになったり、憎いと思っている相手がやがて愛おしくなったりする。

愛そうが憎もうが、意識の流れがせき止められ、だれかにしがみついている状態は同じ。それが「好き」や「嫌い」という「こだわり」になるんだ。

そう、愛することもこだわりの一つだ。

堀辰雄の小説に『燃ゆる頬』というのがある。主人公が、自分がしがみついていた「こだわり」がだんだんと薄れていくのを感じて、やがて当時の自分を愛おしみながらふり返るという物語だ。

いつか意識は流れていくのであり、そうやって君たちは大人になっていく。そのときはわからなくても、必ずいつか意識は流れていく、このことを知っておいてほしいと思う。

いろいろな人間関係を築き、また失っても、将来において君は必ず未知の人と出会う。君たちのだれもに、その可能性は開かれているんだ。

もっとも自由な関係でいられるのが、同性の友だちだね

異性からどう思われ、異性をどう思うかよりも、同性からどう思われ、同性をどう思うかということのほうが大切だと僕は思う。

たとえば男女の異性関係では、一人対一人が原則で、相手以外の人を好きなることはできない。

いや、できるんだけれど、多くの場合、それは悲劇を生みだしてしま

う。異性との関係では、僕たちは一人対一人の関係を望む。また、家族や親戚関係は、生まれる前から決定されていて、自分で選ぶことができない。

これに対して、同性の友だち関係では、一人の人間が、自分の意志で、たくさんの友だちをもつことができる。

恋人同士とちがって、君に複数の友だちがいることは、ほかの人から見て君が友だちに値しないという理由にはならない。僕は、これはもっとも自由な関係だと思う。

いつ友だちをつくってもいいし、いつそれをなくしてもいい。だからこそ人間の本性が出てくるし、僕たちにとって、友だちとの関係はとても大切だ。

自分自身について考えるときにも、人との出会いは、とても重要なことだと思う

では、どんな友だちがいいのか。そして、よい友人というものに出会うことができるのか。実は、出会えるかどうかはわからないと思ったほうがいい。そして、わからないからこそ自由だともいえる。

自由であるということは、いい方向にもいくし、悪い方向にもいく。そのうえで、自分のすべてをさらけ出せる人をぜひ友だちに選んでほしい。これはなかなか難しいのだけれど。

僕自身の場合、小学校のときに一人だけいた。そのあとは、高校、大学まで出会わなかった。人との出会いは、自分自身について考えるときに、とても重要なことだ。

僕ぐらいの年齢になると、自分はどんな人と出会ってきたんだろうと、

ときどき思い返すことのほうが多くなるけれど、君たちには、これからたくさんの出会いが待ちかまえている。自分をさらけ出せるような友だちとまだ出会えていなくても、これからがある。

多くの場合、人との出会いは思いがけないものだ。友だちがほしい、恋人がほしい、という気持ちで人を「物色」していても、たぶん出会えないのだと思う。だからこそ、人との出会いは面白いんだ。

自分がまるで興味がないと思っている場所に首を突っ込んでみるのもいいと思う。自分には関係がないとか、行っても無駄だと思うような場所に行ってみるといい。自分がよく知っている人間関係やネットワークのなかだけだと、幸運な「はち合わせ」が生まれないからだ。

小さな仲良しグループのなかで、和気あいあいと楽しむほうが、好きな人も多いだろう。だけど、自分の知らない世界にも飛び出して、それをきっかけにいろいろな方向へと枝分かれしていってほしい。

少しの勇気が必要かもしれないけれど、これはとても大切なこと。ただし、カルト宗教や詐欺商法に引っかからないよう気をつけて！

人から好かれようと、無理をして自分自身をつくる必要はない

無理をして、居心地が悪い状態で、友だちや好きな先輩、好きな人に、つくろった自分の姿を見せても、結局は長続きしないだろう。本来の自分に負荷をかけているのだから。

でも、どうしてもそうしてしまいがちだ。緊張したり、不自然に行動したり、家に帰ると汗びっしょりだったり……大人になったいまでも僕

にもそういうことがあるね。

だけど、好かれるために無理をしなくてもいい。僕が言うのも何だけど、本当に、自分をつくろう必要はないんだ。


あふれる想いが満たされず、悶絶する、そんなこともあるかもしれないね

いま君は、好きな人から好かれたい、ふり向いてほしい、と心を悩ませているかもしれない。

相手が異性でも同性でも、そしてたとえ一方的な好意であったとしても、それを心のなかにもっておくことは、君の自己意識を成長させる一つのきっかけになるだろう。でもそこで、気持ちが満たされず、あふれそうになったら、どうすればいいだろう？

だれかをすごく好きになり、はげしいこだわりをもてば、何としてでもその人といっしょにいたいと思うだろう。だけど意識の流れがせき止められ、ダムが決壊して、外側に水があふれ出してしまったら、規律もルールも道徳もこわれてしまうかもしれない。極端に言えば、ストーカー的な行為に走ってしまうおそれも……。

水があふれ出す危険性は、だれにでもある。だからこそ、そうならないようにどこかで踏みとどまる勇気が必要なんだ。

だれかをとても好きになることで、自分を見失ってはいけないんだ。

僕の初恋は小学生のとき
結局、何も伝えられなかった

人間は、必ずだれかのことを好きになる。異性である場合、それは恋だ。

多くの人は、15歳ぐらいに初恋を経験し、それは君たちの体に変化が現れるときでもある。

エロスが少しずつ目覚めてくる時期だ。エロスとは「生きることへの欲望」のことをいう。

だれにでもエロスの芽生えがあり、だれもが恋というものを経験すると思う。それは当たり前のことだし、もっと言えば、僕はだれかから好きになられるよりも、だれかを好きになったほうが、幸せじゃないかとも思う。

だれかから好かれたいと思うのは、受け身だけれど、自分からだれかを好きになるのは、積極的に他者に働きかけるということだね。

たとえ今回はだめでも、また別のだれかを好きになりたい――君にも、そんなアクティブな気持ちをもってほしい。

いま、君が好きな人からのアテンションを強く求めているのは、最初に言ったように、君が他者との新しい関係性をもとうとしているからなんだ。君は丸太を渡ろうとしているのであり、だから、悩んでいることを決してネガティブに捉える必要はない。

他人の目を気づかった自己抑制は、いいことばかりではない。本当の声を聞きたい

ある説によれば、自分の声を録音して聴かせると、日本人の8割は自分の声が嫌いなのだという。それは、周囲に気を配るあまり、僕たちは自分の本当の声を隠し、違う声で話しているかららしい。録音された声は、自分の本当の声じゃないから嫌いになるのかもしれない。

僕たちの社会の一つの問題点は、強い個性や自己主張といったものがしづらいことだ。自分を抑制することには、節制とか、欲望をコントロールするといったいい意味もあるけれど、他人の目を気づかった自粛はいいことばかりではない。

また、僕たちの社会では、あらかじめ過剰に相手の気持ちを考えがち

だ。たしかに、のどが渇いたなと思う前にお水をもってきてくれるなど、気配りと呼べるいい面もある。だけれども、そういう社会に生きていると、とても息苦しくなってくることがないかな。

そうなったとき、リアルな人間関係から逃れて、ネット上の人間関係に走ってしまいがちだ。ネット上では、息苦しい気配りといつわりの声を排し、直接、自分のホンネを表現できるからだね。でもそこでは、ひどく暴力的な言葉も平然と使われる場合があるね。そして、そこに難しさがある。つまり、気配りの必要なリアルな世界から、インターネットの世界に向けて暴発することがあるんだね。

君たちには、自分の本当の声で話せるような関係をつくってほしいと思う。

Part 3

学ばなければいけないのは、なぜだろう?

私たちは「学校で学ぶ」というフィルターに必ずかけられる

どうして学校に行かなくてはいけないのだろう？

僕たちの社会では、学ぶこと＝学校に行くということになっている。そんな社会で生きていれば、僕たちは、否応《いやおう》なしに「学校で学ぶ」という道を通らなくてはならないことになる。

学校とは、大勢の子どもを一か所に集め、何らかの統制のもとに、子どもたちに公に定められた教育を与えるところだ。そのために、たくさんのさまざまな規則が定められている。

それぞれの事情で学校に行けない子どもたちもいるけれど、フリースクールのようなところでも、多くは何人かが集まって学校のような形をとっている。

学校は、集団生活を学ぶところでもあり、僕たちは学校を経て社会へと旅立ってゆくんだね。

学校生活が、君に新しい何かを呼び寄せてくれるはず

僕自身は、学校へ行くことが楽しかった。小学校も中学校も、仲間がいて、想いをはせた女の子がいて、休み時間やいろんな時間のなかで、

みんなといることに喜びを見いだしていた。ただしそれは僕の場合で、いまの時代、多くはそうではないのかもしれない。

学校で、君たちは先生と出会う。家族や親戚をのぞいた大人のなかで、先生は、君にとってとても大きな存在だ。

そして先生は、学校生活のなかで、君にとって「新しい何か」や「知らなかった世界」をもたらしてくれる存在でもある。だからその先生との出会いに恵まれなかったりすると、学校はどうしても居心地の悪い空間になってしまう。

先生や友人との関係がうまくいかなくて、学校にいることがとてもつらい人もいるだろう。とくに中学生くらいの時期は、心も体もとても不安定な時期だからね。

先生だって君と変わらない、一人の人間
大人だって完璧ではない

君の学校に、何となくこの先生はいいな、と思えるような先生はいないだろうか。先生対生徒、といったタテの関係で見るのではなく、先生も一人の人間だと思ったら、何とはなしに大人の喜怒哀楽みたいなものが垣間見えてくるだろう。

実は僕は、小学校４年生のときに、校長先生がひどく酔っ払っているところを見たことがあった。とてもまじめで怖く、朝礼では号令をかけて訓辞をたれるあの校長先生が、酔っ払って千鳥足で歩いていて……。でも、僕はそこで幻滅はしなかった。大人や先生と言われる人たちも、こういう面があるんだな、と不思議と親しみがわいてきたんだ。

君たちは、先生に失望したり、逆に大好きな先生がいたりと、いろん

なことがあるだろう。関係がうまくいかない先生のことは、意識的に好きになろうと努力をすればするほど、逆にイヤになるものだ。

でも、その先生のもっている、大人としての陰影みたいなものをどこかで発見できれば、ちょっと見方が変わるかもしれない。

大人としての先生が示す人間的な影の部分や喜怒哀楽も、しっかりと見つめられるようになってほしい。


先生に納得できないような理不尽なところがあるのなら、声をあげよう

それからもう一つ、大切なことがある。いくら先生だからといって、体罰やえこひいきなど、どうしても納得できない理不尽なことがあったらどうするか、だ。

自分が体罰を受けたり、えこひいきで差別をを受けた場合、また自分でなくてもだれかがそうされているところを見た場合、君は何をしたらいいだろう。

たとえば混み合った電車のなかで、具合の悪そうな人に声をかけたいと思っているのに、なかなかそのひと声が出せないことがある。

みんな声をあげたいんだけれど、そうするには少し勇気がいるね。ちょっとしたことをやるだけなのに、とても目立ってしまいそうだし、周囲から無言の圧力も感じることだろう。だけれども、やっぱり僕は、声をあげなくてはいけないと思う。

学校生活のなかでは、その場で声を出す勇気がもてなくても、あとでもいい。何らかのかたちで声をあげるんだ。

何もしないで、後悔するよりは、後悔しないように行動したほうが、絶対にいい。

聞く耳をもつ心友と、君にも出会ってほしいな

学校で、君たちはたくさんの友人とも出会うと思う。中学生時代に大切なことは、この友人との出会いだ。

遊び仲間が一番の友人とは限らない。自分がすべてをさらけだしても、受け止めてくれるという確信がもてたら、その人は「心友」（親しい友ではなく、心の友だ）としての友人だね。でも、それまでがとても難し

い。学校で、君は心友と出会えるだろうか。

僕が思うのは、異性から好かれていても、同性に好かれていない人は友人には向かないかもしれないということだ。

その人の、同性同士の間でのふるまいに目を向けてみよう。また、しゃべるのが上手な子もすてきだけれど、聞くことが上手な子に注目してほしい。人の話に「聞く耳」をもつ友人は、とても大切だと思う。

それから、登下校がいっしょで、学校の行き帰りにいろいろな話ができたり、お互いの家を行き来できるような子もいいね。

避けたほうがいいのは、傲慢《ごうまん》な人だろう。中学生にもなると、おごりたかぶりや横柄《おうへい》さが出てくるから、これには気をつけないとね。

東京は広い、日本は広い、でも君の頭はもっと広い

友だちができなくて孤独だという人も、それを引け目に感じたりする必要はない。

孤独と孤立は違う。孤立してしまうといろいろ問題も出てくるけれど、孤独はとても大切なことだ。友人がいても孤独な時間は必要だよ。

僕も孤独なときに一番本を読んだし、つらいときには、モノを考えたり、洞察力が養われていくこともある。

僕が一番の心友に出会ったのは、大学に入ってからだった。だからいま、友だちがいなくても、いつか未知の人と出会えるという思いを捨てないでほしい。

夏目漱石の『三四郎』という小説のなかで、上京の車中、偶然いっしょになったある教師風の人物が三四郎に、

「東京は広い。東京より日本は広い。日本より頭のなかの方が広いでせう」

と話しかける場面がある。

いまは孤独であっても、将来に、だれかと出会う可能性が開かれている。君も必ず出会うだろう。

それからもう一つ。LINEなどのSNSでは、友だちがどんどん結びついて、コミュニケーションのネットワークができるけれど、そのことによって、逆に孤立していく人もいるだろう。

またスマホにしてもパソコンにしても、それでつながっていないと自分のポジションがなくなってしまうような錯覚に陥って、ある種のネット中毒になってしまうことになりかねない。

「オンライン」のほうが「オフライン」よりも楽しく思えたり、もっと

リアリティがあるように思えたりすることもあるだろう。だけど、

「オンラインから距離を置いてもいいんだ」

そう考えられる強さを、君にはもっていてほしいんだ。

「自分はまだ未完なんだ」そう思ってほしい

学校で、君は勉強をしなくてはならない。

中学生になると、ある程度は自分の好きな教科とそうでない教科がわかってくると思う。それでもまだ、嫌いな教科を、これから好きになることはできるだろう。高校生になったらこれはなかなか骨が折れるのだ

けれどね。

だから、もしも数学が好きじゃないとしても、あきらめることはせずに、まあまあのところまでもっていく努力をするべきだね。そして好きな教科があれば、とことん追求してみよう。

それから、国語を大切にすること。

「すぐ役に立つことは、すぐに役立たなくなる」

英語も理科も数学も、それを深めるためには国語の力が不可欠だ。それには本を、とくに名著といわれる文学作品をたくさん読んでみてほしい。

住んでいる場所を離れて、自分が知らない世界と触れ合ってみないか?

それからもう一つ。勉強はさておいて、僕は君たちに、10代のうちにチャレンジしてほしいことがある。夏休みなどを利用して、自分の知らない世界に触れてみてほしいんだ。

僕は高校1年生のとき、5~6人の友だちといっしょに九州を自転車で回る旅に出た。自転車だから、頼りになるのは自分の体力と気力。不安だらけのなかで、1週間近くをかけて回った。

夜の山道で迷ってしまい、やがて明りを見つけたときの喜びは、かけがえのないものだったと、僕はいまでも記憶している。

助け合い、苦労を分け合った友人たちとの一体感と同時に、自分が一皮むけて、強くなったような、何となく偉くなったような、そんな気持ちにもなった。

旅を終えて帰ってきたとき、自分のなかの何かが成長していたのだと思う。

自分を知り、友人を知ることもできた。数日間でも、自分の住んでいる場所を離れてみるという体験は、僕にとってはとても大きなものだったんだ。

高校生や大学生になったら、もっとチャレンジをしてみてほしい。

学校に行かず社会へ出る通路は
あるけれど、君が思う以上にきびしい

はじめに言ったように、僕たちは、否応《いやおう》なしに「学校で学ぶ」という道を通らなくてはならない。

しかし、こう思う人だっているだろう。

「なぜ学校に行かなくてはいけないのか。なぜ勉強しなくてはいけないのか？」

学校に、行かなくてもいいんだ。絶対に学校に行かなくては生きていけない、というわけではないのだから。

だけれども、この社会で生きていく限り、学校が、社会へつながる一つの通路であることはまちがいない。

もちろん学校以外に、社会に出ていく通路がないわけではない。しかしそれは、おそらく、君が思う以上にきびしい通路だ。

それでも、君はその通路を通りたいと思うだろうか。

「ここでしか生きられない」と思わないでほしい

同時に、付け加えておきたいことがある。学校は社会への通路であるけれども、君の人生のすべてではないということだ。

将来、大学受験のあり方が大きく変わる可能性があるとすると、つめ込み型の教育はますます意味をなさなくなるかもしれない。

むしろ、学校の内外で自ら積極的に参加する活動体験、豊富な読書量、そして、深い思索が問われることになるだろう。だから、中学生、高校生の時期には学校以外でも多様な体験をしてほしい。

本を読んで思索をしたり、友人と語り合ったり、あるいは孤独になったり……。

いまが永遠に続くのではない
つらい時間には、必ず終わりがくる

僕は、どうしても学校に行きたくない日があれば、出席日数や勉強に支障がない限り、無理をして行かなくてもいいと思う。無理をして学校がイヤになるくらいなら、学校を休んでもいい。

君たちのなかには、いじめられたり、学校でうまくいかないことがあって、だれにも相談できずに悩んでいる人がいるかもしれない。

すべての手段が絶たれて、

「もう現状のままでは、1秒たりとも生きていけない、死にたい」

と思うくらい切羽つまっているのだったら、僕はその場所から逃げてほしいと思う。

「これがなければ、あれがある、あれがなくても、これがある」

僕は君たちに、そういう生き方をしてほしい。

自分の生きる場所はここしかない、と思ってしまったら、とてもつらくなるだろう。いまという時間が永遠に続くのではなく、つらい時間には必ず終わりがくる。

大げさかもしれないけれど、どうしようもないときは家出でも何でもして、その場から脱出するんだ。

学校は、避けて通ることのできない社会への通路だけれど、学校でしか生きられないと思わないでほしい。学校は君の人生の、ほんの一時期における、一つの通過点にすぎないのだから。

第一志望を通過することが
幸せへのパスポート、とも言い切れない

学校を選ぶとき、いつの間にか、「ここじゃなければダメだ」と思いこんでしまってはいないだろうか。これにはいろんな理由がある。

「あの学校に行けたらいいいね」と親から言われたとか、みんながあの学校に入った子をすごいと言っているから、とか。

そう思いこんでしまった君は、偏差値を気にして、第一志望、第二志望、第三志望と順番をつけているだろう。

だけど僕は、この第一、第二という順番をつけないで、どれも並列に考えればいいと思う。第一志望の学校に入れれば、完璧な人生ができあがる、というわけではないのだから。

「これがなければあれがある、だからいいじゃないか」

と考えてほしい。難しいかもしれないけれど、とても重要なことだ。

「第二志望にしか入れなかった」本当にそうなの？

たとえばある高校では、多くの生徒が

「ここは第一志望ではなかった」

と言っていた。自分は第二志望にしか入れなかった……と。学校だけでなく、会社でも、いろんなところでこういう話はよく聞くね。

でも、本当にそうなんだろうか。何を基準にしてそう思っているのだろう？　そもそも君は「本当に」第一志望に入ることを望んでいたのだろうか？　そこに進学すれば、確実に、現状よりもすばらしい何かが、君の手に入ったのだろうか？

イソップ寓話の『すっぱい葡萄《ぶどう》』では、きつねが、おいしそうな葡萄を見つけるのだけれど、高いところにあってどうしても手が届かない。

とうとう、きつねはあきらめて、

「あれはきっとすっぱくてまずいだろう」

と自分に言い聞かせるね。

負け犬の言い訳だと思う人もいるかもしれないけれど、僕が言いたいのは、すっぱい葡萄よりも甘い葡萄のほうが絶対的に価値があるのか、ということだ。これはよくてあれはよくない、そんなことが本当にあるのだろうか。

九州から東京の大学にきていなかったら、僕はちがった人生を歩んでいただろう。

けれども、そのちがった人生は不幸だっただろう、と言うことはできないし、入ってみたら第一志望よりも第三志望のほうがよかったというケースもあるはずだ。

何かを選択するということは、何かを失うということ。Aを選んだ人は、Bを手に入れることができない。逆に言えば、Aを選ばなければ、Bが手に入るんだ。

学校選びは、順番をつけて考えないほうがいい。東大を出ても、社会人として挫折をしてしまう人もいる。

親が何を期待しているのか、あまり想像しなくていい

君たちのなかには、親との関係に悩んでいる人も多いと思う。中学生ぐらいになると、

「自分にかまわないでくれ」

という気持ちが強い反面、ときどきはかまってほしいという気持ちもあるんじゃないかな。

たいていの場合、男の子も女の子も親が鬱陶《うっとう》しくて、たまらなくイヤになってくるものだ。

というのも、中学生にもなると、親や周囲の大人が自分に何を期待しているのかがよくわかるようになるからだ。

僕の高校時代には、親の期待にこたえたい、という重圧に押しつぶされてしまった人がいた。

僕は、親の幸せのためにとか、親を喜ばせるために、とか考えないで、自分がやりたいことを大切にしてほしいと思う。それが親にとっての幸せだ、と考えてほしいんだ。

最近は、それができなくて不登校になってしまうケースも多いという。難しいかもしれないけれど、自分の幸せを一番に考えてほしい。

「やり直しはきかない」なんて、
そんな言葉、真に受けなくていいよ

僕には確信をもって言えることがある。それは、やり直しはきくのだということだね。

「こうなってしまったから、もうやり直しはきかない」

と考えるのはまちがっている。

たとえば小学校受験でも、中学や高校受験でも、受験に失敗したことを引きずっている人がいたら、受験なんて人生という長い線上の小さな点みたいなものにすぎない、と思ってほしい。

きつねの言い訳に似ているかもしれないけれど、こうした自己防衛は僕たちには必要なものだ。

これから先、君はたくさんの選択をくり返しながら生きていくだろう。

「こんなことは、大したことではないんだ、先へ進もう」

そう考えようじゃないか。

Part 4

これから、何をしたい？
いま、何をしたい？

君が就きたい職業は何だろう？
僕の場合、適職のつもりが、天職になった

学校という通路を出た先の社会で、君たちは何らかの仕事に就くだろう。君は、身近な大人の職業に関心をもったことがあるだろうか。「働く」ことの何が喜びで、何が苦しみなのか、考えたことはあるだろうか？

中学生の君たちには、自分が将来どんな職業を選びたいのかという、漠然としていても何らかのイメージをもっておいてほしいと思う。

そのために、まずは家族など身近な大人に、職業について聞いてみる

のもいいだろう。ポイントは、その仕事が「適職」なのか、「天職」なのか、ということだ。そして、働くことの喜びと苦しみも聞いてみてほしい。

適職とは、生きていくためにしなくてはならない仕事のこと。天職は、自分がやりたくてやっている仕事だ。適職から入って、それが天職になる場合もあれば、その逆の場合もある。

僕の場合、最初は適職のつもりだった。僕は大学では政治思想史を研究し、一般企業に職がなかった。それで仕方なく大学院に進み、大学教員になった。

だけど、大学で教えていくなかで、教育というのは、人と人との関係で、ものを介在させない、「サービス業」だと気がついた。たとえば、車のセールスマンは、だれかがつくった製品を売ってユーザーに喜ばれるわけだけれど、教育は、自分がつくり出して、自分が送り出す。始めから終わりまで、一つとして同じものは存在しない、オリジナリティのある仕事だと思うようになっていった。

そして、僕はこれは適職にとどまらず天職だなぁと実感できるようになったんだ。

そんなケースもあるのだから、適職と天職は、はっきりと区別できるわけではないんだね。

こういう仕事をやりたいと思っても、それが一生涯の仕事になるかどうかもわからない。

これから社会へ出ていく君たちのために、僕は、日本でも高校生ぐらいのうちからインターンシップ（学生が会社で研修生として働き、実際の仕事を体験する制度）を始められればいいと思っている。

そうすれば、自分が学校で学ぶことの目的がよりはっきり見えてくるだろう。僕は、そうやって学んでいくことが教養を身につけるということだと思う。

しかし残念ながら、いまの日本では中学や高校ではインターンシップがないのが普通だ。

だとしたら、中学生の君にとっては、自分が将来何をやりたいか、自分の好きなものを仕事にするために、いまやっておけることを考えてみることが大切だろう。

やりたいことなんてわからない、という人も、自分が好きだと思えるものを見つけ出してほしい。何でもいい、何かそれをやると、落ち着いたり、あるいは、それをやると、もう一度やりたくなる、そういうものを探してみてほしい。

好きなものは、変わっていってもいいよ。とにかく、いろいろなことに興味をもって、自分の頭で考えることから始めていこう。

生きている実感がビンビン響かないのは、むしろ当然のことなんだ

けれども、興味をもてといっても、なかなか見いだせない人もいるだろう。

毎日を「何となく」生きている、君はそんなふうに感じてはいないだろうか。

自分自身にも、周囲にも、あまり変化がなく、とりあえず今日の日課を「何となく」こなしていくという毎日の連続……。

ニュースを見ると、天変地異も含めて、大きなできごとや事件が引っ切りなしなのに、自分の身近なところには、あまり変化がないと思っている人もけっこういると思う。

しかし、そう思っているのは、君たちだけじゃない。実は、大人だって、自分の人生を平凡で退屈だと思っている人は多いんだ。

でも、よく見ると、世のなかはさまざまなドラマに満ちているのだけれど。

自分の「モデル」となる人物像を探してみてほしい

君が、「これをやりたい」ということをなかなか見つけられないでいるのなら、もしかするとそれは、社会のお手本とかモデルになる人が見いだしにくくなっている時代に、君たちが生きているからかもしれない。

僕が子どもの頃は、学校で偉人の伝記をたくさん読まされた。

「あれがやりたい」

「これを知りたい」

というのは、こういう人が好きだとか、ああいう人みたいになりたい、という思いから生まれるのだと思う。

そうした思いが、友人とのつきあいや学びを含めた学校生活を送る動機づけになることだってあるだろう。

でもいまは、あらゆる物事が多様化し、モデルなき時代だ。

毎日を「何となく」生きていると感じていれば、生きているという実感もふわふわとしたものしかないのかもしれない。

たしかに、冒険よりも堅実さを求める時代であり、面白いことを探しに行くのではなく、与えられたもののなかで何とか考えようとする時代でもある。

この社会で、生きているという実感に手ごたえがないのもむしろ当然なのかもしれない。びんびん響くような実感を無理につくりだそうとすれば、最悪の場合、自傷行為や他者への暴力行為になってしまうおそれもあるだろう。

もしもそんな気分になったときは、生きている実感が希薄なのはまれなことではなくて、そういう時代に自分は生きているんだ、と思ってほしい。君自身のせいではないんだ。

やがて時代は流れ、君も成長する。状況は刻々と変化している。だから君も、考えることを放棄しないでほしい。

となりの子との小さな差異ばかり気にして、大きなものを見落としていないか？

「自分には何ができるのだろう」と考えたとき、「何もできない」などと君は考えていないだろうか。

「君にできること」は、生まれつきのものではなくて、君がつくるものなのだということを知っておいてほしい。いまの君は、まだ未完成で、君自身のなかに未知のものがあるんだ。

君は、他人と自分を比較して、この子はあれができる、あの子にはこれがある、と小さな差異ばかりを気にしてはいないだろうか。

もしかすると、自分に見切りをつけたり、逆にとても傲慢《ごうまん》になったりしていないだろうか。

君たちのなかには、残念ながら最初からあきらめている人はいないだろうか。

でも大切なのは、自分はまだ未完成であり、この先には未知のものがあることを忘れないことだ。そして、未知のものへのあこがれを抱いていてほしい。

大人や先生のなかには、

「こんなこともできないのなら、もうここに来ないでよろしい」

なんてことを言う人もいるけれど、それは大きなまちがいだ。

僕は、君たちの親にも言いたいと思う。絶対に、自分の子どもとほかの子どもを比較しないでほしい、と。

これはとても重要で、いまの社会の最大の問題の一つは、人々の生活が均質化されてきたぶん、微妙な差異をめぐる差別化が進んでいることだ。このことが親にとって大きな負担になり、子どもに対する態度にも影響を与えかねないんだね。

微妙な差異をめぐるゲームに埋もれてしまわないためにも、他人と比較して優劣を決める必要はないんだよ。

世界がどうなっているかを知らずして、自分が何者であるかは語れない

君はまだ未完成で、未知のものが君を待っている。まだ閉じられていない。必ず未知のものとの出会いがある——このことを、必ず忘れないでいてほしい。

でも、そのための努力が苦しければ「もうイヤだ」と思うこともあるだろう。同時に、まだ自分は中学生だから、

「そんなに真剣にならなくてもいいんじゃないか」

という気持ちもどこかにあるかもしれない。

君たちのまわりには情報があふれ、頭のなかはすごく大人になってしまっているかもしれないけれど、身体的な実感を通じて知ることと、単なる知識や情報として知ることとはちがう。そのうえで、自分にはまだ未知のものが用意されているのだと考えてほしい。

ではを何をしたらいいのか？　中学生の君が、未知のものの先にある自分の姿を明確にイメージすることはとても難しいはずだ。

そこで、1日1行日記を書くことをすすめたい。

「今日1日、僕は、僕がイヤだった」

「今日の私は幸せだった」

「今日1日、あの子がイヤだった」

とか、1行でいいから、ノートに書いていくんだ。単純なことのようだけれど、これを毎日続けて、1年後に最初から読み通してみれば、おのずから自分を見つめる目が養われ、役に立つはずだ。1行でいいからすぐできるし、これは必ずやってみてほしい。

それともう一つ。毎日、新聞を読んでほしいんだ。

新聞に目を通すと、世のなかで起きていることが一覧できる。しかもさまざまなできごとや事件の重要度もわかってくる。

外の世界のありさまを知らずして、自分のやりたいことを見つけることはそう簡単ではない。新聞を見れば、わかることはわかり、わからないことはわからなくて当然だと知ることもできる。そのうえで、自分の先に開かれた未知のものを待ち続けてほしい。

君はひとりじゃない。世界はいつも君たちを待っているんだ。

自分が1分後に死ぬと考えたとき、君なら1日1日をどう生きたい？

生きがいということについてのアンケートに、こういうものがあった。
「僕はいま、14歳の中学生です。生きがいが見つからず、漠然と学校へ行き、勉強をし、ごはんを食べて寝るだけの毎日です。この頃よく、自分は何のために生きているのかと考えてしまい、やることもなく、ボーッとしているだけの日々です」

さっきも言ったけれど、こういう悩みが出てくるのは、ある意味では当然のことだ。それに、いつの時代もくり返し唱えられるテーマでもある。

はっきりしていることは、生きがいは、だれかに教えてもらうものではないということ。でも、だれかがそのヒントを与えてくれることはあるかもしれない。

もしも君がこういう悩みを抱えていたら、ヴィクトール・フランクルの『夜と霧』を読んでみてほしい。たとえば自分が1分後には死ぬとしても、それでも、その1秒1秒で、自分に与えられた問いに答えていくしかない。

「それが生きることだ」とフランクルは、言うだろう。

自分だけの小さな城を出て、人に会いに行こう！

中学生の頃は僕もそうだったけれど、おそらく君たちの多くは、自分のなかだけでしか世のなかが見えていないかもしれない。

なぜかと言うと、自分という城に閉じこもり、そこに宇宙をつくりあげいるからだ。たとえば、

「ブサイクは何を生きがいにすればいいんですか」

という相談があったとしよう。人間にとって、たしかに顔は重要かもしれない。でも、人間は顔だ、と言うことはできない。人間には、もっともっといろいろなものがあるからだ。

こうした悩みをもつ人は、自分という城から出ることが、まだできていない。依然として自分の城にある小さな窓から世界を眺め、一つの部分だけをとりあげてそれが人間の全体だと思っているのだろう。

「人間とは、顔」

と、そんな思いにとらわれて、自分という全体としての人間が見えなくなっている。

この質問をした人は、自分で自分を差別して、自分のことを卑下して

しまっている。もっと言えば、自己嫌悪に陥っているのだろう。

僕は、自分という城から外の世界へ飛び出して、たくさんの人と出会うことが大切だと思う。

あまり自分探しに、汲汲《きゅうきゅう》としないほうがいいよ

「やりたいこと」を見つけることは、自分探しにもつながっている。でも僕は、あまり自分探しに必死にならないほうがいいと思う。

それよりも、くり返し言えば外の世界に目を向けること。そして先輩や大人との出会いを大切にしてほしいし、それは場合によっては、生身

の人でなくても、本のなかでの出会いでもいい。

僕は本の世界のなかで、たとえ小説などの作りごとでも、好きな作者や好きな登場人物にたくさんのあこがれを抱いていたことがある。そうした出会いを大切にしていけば、自分を知る手がかりになるはずだ。

僕は、高校生になってからだったけれど、少し引っ込み思案になって、詩の世界に夢中になった。

好きな詩をそらんじてみてもいいし、絵が好きなら絵を、漫画が好きなら漫画を、何でもいい。これをやると気持ちがいいとか心が落ち着くとか、もう一度やりたくなるようなことを、中学生のうちに見つけてほしいと思う。何をしたらいいかはわからなくても、好きなものなら見つけられるのではないかな。

くよくよ思い悩んだり、あきらめたりするのではなく、自分の心にひっかかることや、気持ちを落ち着かせてくれること、楽しいことを探そう。そして一つでもあれば、それを持続させてほしい。

Part
5
この頭のモヤモヤをどうしたらいいのだろう?

生と死、2つの欲望が君をモヤモヤさせるのかもしれない

15、16歳ぐらいになれば、人間の性格のコアな部分ができあがってくる。さっきも言ったように、この時期には生きることへの欲望が目覚めるが、それとともに、死や破壊に対する欲望も頭をもたげてくるものだ。人間は、この2つの矛盾する欲望をもっているんだね。

君たちの年代では、頭のなかでこの2つの力が互いにせめぎ合い、その衝突が蓄積されて、言葉にできないモヤモヤになっているかもしれない。

中学生の頃をふり返ると、僕もいつもモヤモヤして、自分でもわからない何かに突き動かされていた。君の心のなかにも、二つの力が働いているだろう。

一つは、輝く希望とか、生の躍動感。高校球児たちの清々しい汗のような、大人たちからすると安心して見ていられるもの。

そしてもう一つは、それとは正反対の、破壊や死を志向するような力。普通はこの力を、スポーツやおしゃべりなどの安全な形で解消するのだけれど、それがうまくいかなくて、とてつもなく残酷な一面が姿を現すことがある。

とくに男の子なら経験がある人も多いと思うけれど、僕は小学生の頃、ヘビやカエルにひどい意地悪をしていた。

考えてみれば、これはいわば死の欲望に対する「ままごと」で、こういう経験を経て恐怖や悪というものを学習して、中学生になっていったのだと思う。

暗い欲望は、君のなかにも、渦巻いているかもしれないね

最近は、そんな意地悪をよくないものとして排除しようとするけれど、それは必ずしもいいことだとは思わないね。

昔はもっと雑然とした社会で、子どもたちはそのなかで少しずつ、人間が抱える残酷な一面との付き合い方を学んでいった。

だけれども、過剰なまでに安全安心を追い求める社会では、人間の暗い欲望をどう解消させるのかが、とても難しい。

親を含めた大人たちは、10代の君たちにはあくまでも無垢であってほしいと願っているだろう。でもこれは、実は大人の勝手な願望で、君たちくらいの年代になると、残酷な、闇の奥に眠ったものが、場合によっ

ては頭をもたげることがあるんじゃないかな。

ウィリアム・ゴールディング『蠅の王』や、中村文則『悪意の手記』を読むと、そのことがよくわかると思う。19世紀のフランスの作家フローベールも、『聖ジュリアン伝』で人間に備わる残酷さを描いているよ。

では、モヤモヤを解消するにはどうすればいいのだろう

かつては、「お国のために死ぬ」「神のために生きる」など、ある一つの目標が強制的に決められ、子どもの頃から植えつけられて、自分が生きている意味など考える余地のない時代もあった。

しかしいまの社会では、原則として君は自分の人生を選び、自由を謳歌できる。でもそれが、君たちをモヤモヤしてさせるのかもしれない。

僕は、モヤモヤを解消するものは「文化の力」だと思っている。文化というと芸術や音楽、文学などが思い浮かぶが、それだけじゃない。文化とは、人間が知恵を使ってつくりあげてきたあらゆるものをさす。ダンスやスポーツなど、体を動かすことももちろん文化の一つだ。

君にはリラックスできる時間や空間はあるのかな

人間が文化をもっているのは、心の奥底にしまいこんでいる残酷な力を飼いならし、コントロールするためでもある。

蝿がブンブンと自分の脳のなかを飛んでいるような、どうしようもないものを、どんなふうに解消していくのか、手なずけていくのか、君たちは、そのきっかけをつかむ時期なのだと思う。

君たちには、体を動かす、歌を歌う、音楽を聴く、本を読むなど、自分が好きなことや心地よくなれること、リラックスできることを見つけてほしい。

そして、そこで必要なのは、リラックスするための時間と空間だ。

君は、どんなときにくつろげるだろう？　ボケーッとしているとき、本を読んでいるとき、友だちとしゃべっているとき、部活をしているとき……。

自分がくつろぐことのできる空間はあるのかな？　こうした「避難場所」はとても大切で、これをとりあげられると、君のモヤモヤはもっとひどいことになる。

親や大人は、君から避難場所をとりあげようとするから、鬱陶《うっとう》しいんだね。

無理して快活な子どもをよそおわなくてもいいよ

10代の一時期、僕は孤独だった。でも、僕はそのときに、自分の内側にだれも入ることのできない心の空間をもっていた。

引っ込み思案だったし、周囲からは自分の殻に閉じこもっているように見えたかもしれない。

けれども僕は、ある一時期、そういうことがあっても、決して異常だとは思わない。そういう時期があってもいいと思う。

僕はこの自分だけの避難場所のなかで、読書をした。冒険や世界が立ち現れてくる仮想空間のなかで、いろいろな人との出会いを経験したことが、二十歳を過ぎてからのリアルな出会いのリハーサルになったと思う。

僕の場合、親は忙しかったので、僕が避難場所にいるのを遠くからそっと見ていてくれた。もしも親に干渉されていたら、とてもつらかっただろう。

「心友」となった友人のなかに、自分を見る瞬間も、あるかもしれないね

君たちのなかにも、孤独な気持ちを感じている人は多いかもしれない。けれども、孤独であるからこそ、友人との出会いはいっそう貴重なものとなる。同じモヤモヤを、「心友」となった友人のなかに見いだすことができれば、自分が見えてくるだろう。他者を鏡として、自分がわかってくるということだ。

そういう体験は、自分をなぐさめ、孤独感を癒《いや》し、モヤモヤもやわらげてくれる。ただし、モヤモヤを発散するために、友人といっしょに、自分だけではできないような危険な問題行動へと走ってしまわないように気をつけてほしい。くり返し言うように、僕たちのなかには破壊への

欲望がしまいこまれているのだから。

モヤモヤを解消するためのきっかけをつかまえてほしい。これは勉強ができる、できない、の問題ではなくて、勉強ができても、これができない子もいる。

解消のための方法はいろいろあるし、人によってさまざまだ。できる限り自分から試していってほしい。

人間はときに考えられないほど残酷なふるまいをする

君は、自分って何だろうと考えすぎて、ワケがわからなくなったりしたことはないだろうか。

外の世界に目を向けず、自分だけを見つめていると、自己意識の「地獄」に落ちていきかねない。するといつの間にか、自分自身というものの実感が失われ、自分の体も心も、そして他人の体も心も、単なるモノのように見えてしまうことになりかねない。

思春期とは、あらゆる制約を超えて全能感をもちたい、と思う時期でもある。しかし、僕たちは他人をコントロールすることはできないんだ。にもかかわらず他人を自分の思うままにするために、人間でなく完全なモノとして見るようになると……ギョッとするかもしれないが、人を殺《あや》めるということが起きてしまうのではないかと思う。すでに自分自身さえもモノと化しているから、そこには罪悪感も生まれないかもしれない。

極端な話をしてしまったけれど、新聞を見れば、世のなかではときにとんでもない事件が起きている。

僕たちは、そんなとんでもない事件を起こした人を、自分とはちがう、理解不能なものと分類しがちだ。心の病気だと言うこともできるだろう。だけど、それで片づけてしまっていいのだろうか。

たとえば戦争で人間はときに考えられないほど残酷なふるまいをする。戦争だから、と片づけてしまわれるけれど、もしかするとふだんは封印しているものが、戦争というお墨つきのもとに吐き出されているだけなのかもしれない。

決まりごとという抑制がはずされたとき、人間はいかにふるまうのか。人間には、掟を破ってはいけない、しかしだからこそ破りたい、という矛盾したものが常にあるんだ。

それは、よりよく生きたいという人間の欲望と、その陰にひそむ破壊的な力とが平衡《へいこう》状態にあるのと同じだ。

さっきも言ったように、文化とは、この破壊的な力を少しずつ手なずけていくものなんだ。

モヤモヤの謎解きは、生きる原動力になると思う

中学生の君たちは、危うい丸太の上を歩いているようなものかもしれない。

君たちの年代になると、自分がわからなくなってきて、自分という存在が謎めいて見えることはないかな。だからモヤモヤする。

このモヤモヤの謎を解いていくことが、生きるということであり、学び、知るということだ。

刹那《せつな》的な発散によってむりやりスカッとさせるのではなく、君たちには、文化の力でモヤモヤを解消することができるようになってほしい。

その手がかりを見つけるために、読書やスポーツをしたり、友人と会っ

たり、本当に自分がリラックスできる避難場所を手に入れていこう。

自分との距離がうまくとれなくて、悩んでいる人もいるかもしれないね

君は、人に嫌われたくない、というモヤモヤを抱えてはいないだろうか。

嫌われたくないから、できるだけ目立たなくしようとしたり、とがったことが言えなかったり。一番やっかいなのは、他人の目が気になって、嫌われたくないということのために、神経をすり減らしていくことだ。

だけれども、これは仕方のないことでもある。10代は、ナルシズム（自

己愛）が芽生えるとき。人に嫌われたくない、というのも一種のナルシズムだからだ。

ポジティブなナルシズムの場合は、自分に対する過大評価や、いきすぎた自己肯定感があり、高慢に見えることもあるだろう。

しかし最近では、ネガティブなナルシズムにとらわれている人が多いように思う。自分は嫌われているのではないか、嫌われないようにするにはどうしたらいいのか……と、悩んだり。

君たちの年代は、まだ自分に対する距離感をうまくとることができない年頃かもしれないね。心のなかが荒れ狂い、混乱してしまっている人もいるだろう。

だけれども、文化の力を身につけていくと、かならず距離がとれるようになる。10代の君には難しいかもしれないが、自分を、もう一つの自分の目で見られるときがくると思ってほしい。

ナルシズムもまた、自分という城のなかに閉じこもった状態だ。城の扉を開け放ち、適切な距離感をもって自分を見つめるもう一つの目をつくり出す――僕は、それを知性と呼びたい。

文化の力で知性を養っていこう。それが学ぶということなんだ。ただし、それは偏差値優等生になることとはちがうよ。

僕たちは、だれもがどこかに、嫌いな自分をもっている

君たちのなかには、鏡に映った自分の姿をナルシスティックに眺め続ける人もいれば、鏡なんて見るのもイヤ、という人もいるだろう。

たいていの人は鏡を見るものだ。そのとき、心のなかで、鏡に映る自

分に話しかけることはないだろうか?

中学生ぐらいになると、人は「自分のなかの自分」との対話をし始める頃だね。それは、自分のなかにもう一人の自分を見つけ、「私と私」とで対話をするということだ。

この対話を上手くできる人もいれば、そうでない人もいる。しかし、この「自分という他者」に気づくか気づかないかは、とても大切なことだ。

なぜなら、自分のなかに他者をもつことにより、君は自分の行為を見つめることができるようになるからだ。僕は、このときに良心というものが生まれるのだと思う。

僕たちは、だれもがどこかに嫌いな自分をもっている。こんな自分はイヤだ、と思っても、君はそのもう一人の自分と折り合いをつけていかなければいけない。

これはとても難しいのだけれど、こうした過程を通じて僕たちの心には良心が生まれ、自己意識が発達していくんだね。

そしてこの良心を通じて、これはやっていいこと、これはいけないこと、これはここまではやっていいけど、これ以上はいけない、といったことを学んでいくんだ。


他人に対する強い憎しみや、否定的な感情が、君を苦しめ、傷つけているんじゃないかな

自分のなかにもう一人の自分を見つけ、それをとても好きだと思えたら、多くの場合はポジティブなナルシズムになる。

反対に、こんな自分なんてイヤ、というマイナスのナルシズムの場合、自己嫌悪につながってしまうだろう。さらにはそれが高じると、その自分への嫌悪感を、他人に向けてしまう場合がある。これが、他人に対する強い憎しみや、否定的な感情になる。

たとえばネット上には、どうしてこんなことを言うんだろう、とびっくりするようなひどい言葉が飛び交っていることがあるね。

普通は、ひどい言葉を吐く自分をもう一人の自分が見て、

「お前、そんなことやっていいのか」

と歯止めをかけるだろう。その歯止めがきかないのは、自分を否定したい、という強い自己嫌悪があるからで、それが他人に向けられているのだ。

他者としての自分と対話をし、一定の距離をもちながら自分を肯定的に受け止める感情——僕は、これが良心だと思っている。

それがあるからこそ、他者をも受け入れることができる。それができないのは、なぜこんな自分に生まれたのか、自分はこの世界に居場所が

ない、と思っているからで、これが
「どうせ世のなかはこんなものだ」

「自分なんて消えてなくなっても、だれも覚えてやしない」

と思ってしまうと、他者に対する無差別な暴力につながりかねない。

そうした空気が、社会にかなり広がっていて、良心というものがやせ細ってしまっているのかもしれない。

「もうこんな世界なんてなくなれ」

と思いたくなるときはだれだってあるだろう。大人も含めて、それぐらい、いまは、自分との対話が難しい。

しかし、そういう時代を生きている僕らだからこそ、自分との対話はとても大切なんだ。

「自分は恵まれていないから」そんなふうに考えなくてもいいんだよ

もしも君が家族や学校といった環境に悩んでいるとしたら、僕は、君にはまだまだたくさんの時間があると言いたい。

さっきも言ったように、君には未知のものがあり、時間があれば必ず人との出会いがある。

たしかに世のなかには、つらいできごとや納得できない仕組みも多いだろう。自分にはチャンスも僥倖《ぎょうこう》（思いがけない幸せ）もない、と思っている人もいるのかもしれない。

けれども、どんなにひどい状況にある人にも、かならず僥倖はある。

英国のよく知られた作家・チャールズ・ディケンズの『オリバー・ツ

イスト』は、孤児院で育った主人公のオリバーが、幸せをつかんでいく小説だ。

オリバーが幸せになれたのは、彼が否定的な力に屈服せず、どんな状況でも恨みやねたみに心を支配されてしまわなかったから。それは、彼が僥倖を信じていたからなんだ。でも、

「がんばれば何とかなるさ」

というようなあいまいなことを僕は言いたくない。

だけれども、くじけたり、あきらめたり、悪の心に染まってしまわないために、必ず僥倖《ぎょうこう》はあることを信じよう。

第二次大戦中、ナチス強制収容所で地獄に等しい体験をしたヴィクトール・フランクルが「人生を肯定すること」を訴えた著書『それでも人生にＹＥＳと言う』も読んでみてほしい。

自分にとって、これだけは奪われたくないものは何だろう

中学時代、僕が入っていた野球部は、全員が丸坊主だった。そのなかで、ずっと長髪で通した男の子がいた。

先生からどれだけ言われても髪を切らず、彼は何か特定の主張があったわけではないけれど、ある種のナルシズムをもっていた。よく手鏡で自分の顔を見ていたし、女の子が好きそうな、当時流行《はやり》のラッパズボンをはいたりしていた。色気づいた中学生の典型だけれども、彼はそれを貫いた。

いまから思うと、彼はすごかったと思う。つまり、彼には奪われたくないものがあったんだ。

何でもいい、君には

「これだけは奪われたくない」

というものがあるだろうか。もしかすると、素直でいい子に見られる人ほど、それがないことに不安を感じているのかもしれない。

常に、大人の認める「こうあるべき」を意識して、上手に世渡りしてきた人ほど、本当は、自分に自信がもてないでいる場合もあるのかな。

15歳頃になると、高校受験が近づき、その先には大学受験がある。君は、親やまわりの大人が君に望むことをもうよくわかっているはずだ。

自分のモヤモヤが解消されないまま、親のためにと無理を重ねている人もいるだろう。しかし、その無理が限界に達すると、マグマがふき出るように心が爆発してしまうことがある。

大切なのは、自分をふり返り、

「自分にとってこれだけは奪われたくないものは何だろう」

と考えてみることだ。

そこから、モヤモヤとした、どうしようもないイライラや焦《あせ》り、不安の奥底にあるものが見えてくるのでは、と思う。

Part 6

「知る」ことは、幸せなのかな?

「知る」ためには何らかの働きかけが必要なはず

ここでは、「知る」ということについて考えてみよう。

本来、知るということは、快楽である。僕たちは、知ることによって宇宙や自然など、知らないことを解き明かしてきた。この力は、知的好奇心と呼ばれている。「知」というものを、僕たちは尊んでいる。

僕は、知るということの根幹は、愛することだと思っている。

なぜなら、何かを「知る」ということは、その知ろうとするものに「関わりたい」ということだからだ。

よく、「何かを『知る』には、感情をはさまず、客観的かつ中立的でなければいけない」と言う人がいるけれど、一切の気持ちを排した真空状態のなかで物事を知るなんてことはありえない。

何かについて知りたいと思ったら、僕たちは人に話を聞いたり、本やインターネットで調べたりする。

「知る」ためにはそうした何らかの働きかけが必要であり、その根底には愛が存在しているはずだ。

たとえば、君にも好きな人や好きなアーティストがいるだろう。僕がこの人のことを知りたい、と思うのは、好きだったり、尊敬したりする人だ。

愛情や尊敬は、その人のことを知ることでより強まるし、強まればよりいっそう、その人のことを知りたくなる。本来、「知る」とはそういうことだと僕は思う。

僕も若い頃は、多くを知って秀でたいという思いがあった

ところが、「知ること」と「愛すること」とが真っ二つに割れてしまうことがある。

知ることが愛することにつながっていなければ、何かを知ったところで、それが喜びになることはないんじゃないかな。

そもそも、それを知りたいとも思わないだろう。

本来、何かを知ることは快楽であり、幸せであるはずなのに、「知る」ことが「それを愛する」ことから発していなければ、むしろ「知らなくてもいい」とか「知らないほうがいい」と思ってしまう。

たいていの人は、知ることが愛することであると教わっていないん

じゃないかな。

「知ること」と「愛すること」は、なぜ真っ二つに、割れてしまったのだろう

一つは、いまの社会では、「自己責任」とか「自由」という名のもとにおいて、他人を相手にだれもが一つのゲームを永遠に続けていかなければならない。

相手を出し抜くにはどうしたらいいか、といったことばかりを考えているようなギスギスした人間関係のなかでは、自分のなかに、好きだと肯定的に思える他者としての自分を見いだすことはとても難しいだろう。

Part5で言ったように、これが高じると、自己嫌悪や、自分が世界の一部だと実感できないという感覚が生まれかねない。

自分を受け入れ、他人を受け入れることが難しいなかでは、知ることと愛することとの間に断絶ができてしまう。

二つ目は、「知る」ということは利己的な行為である、という思いこみがあるからだ。

たとえば「知は力なり」という言葉がある。知は力である——そう聞いて、知ることによって利便性や利益を手に入れる、といったイメージをもつ人もいるだろう。

あるいは、知ることによって理性と知識を獲得すれば、自分と周囲の人やモノを自在にコントロールすることができる、とか。

僕も若い頃は、多くを知って他人よりも秀でたい、という傲慢《ごうまん》な思いがあった。

たしかに、学ぶことによっていまの境遇から抜け出したり、がんばって勉強し、知識を蓄積してそれを自分の力にする、というのはそのとおりだ。

だけど、「知る」ことが自分が他人より優位に立つ原動力にはなっても、それが愛することにつながっていないと、「知ること」に幸せな喜びを見いだせなくなるんじゃないかな。

「知る」ことの根底にある愛に気づいてほしい

「なぜ学び、なぜ知ろうとするのか」と質問すると、君は「知らないとバカにされるから」

「知らないといい学校に行けないから」

と答えるかもしれない。そこで僕が
「知ることは愛することであり、それが自分の幸せにつながるから」

と言うと、君は驚くだろう。

それは、君が知ることを利己的な行為だと思っているからだ。

「こんなこと知っちゃった、しめしめ」

「俺はあいつが知らないことを知っている」

「これを知らないあいつはバカだなあ」

というときの「知る」は、愛することにはつながっていない。

知ることが利己的だと思っていると、知ることで自分がよりいっそうこの世界を愛するようになる、というふうにはなかなかならないはずだ。

そこでは、知ろうとすることに対する愛着や「関わりたい」という気持ちが忘れられてしまっているからだね。

最初からすべてがわかっていれば、知る必要はない

「知る」ことと「愛する」こととのつながりは、フィクションの世界でも実感できる。

僕は小説を読み、登場人物に自分を重ね合わせたときに、孤独が癒《いや》されて、虚構だけれども、まるでここに実在して、生きているかのように、その人に愛着をもつことができた。

思い入れが深いのは、夏目漱石の『坊ちゃん』。高校生になると、やはり夏目漱石の『三四郎』に共感した。坊ちゃんも三四郎も凡人だけれど、何かしら面白味があった。

「知る」ということは、未知との出会いだ。わからないから「知る」のであって、最初からすべてがわかっていれば、知る必要はない。

未知と出会いたいと思ったら、読書が手近だろう。また、映画も未知の世界を教えてくれる。本も映画も、一時の流行に左右されずにずっと愛され親しまれてきた「古典」と言われている作品をおすすめしたい。

知れば知るほど懐疑的になるのはどうしてかな

「知る」ことは、何らかの情報を得ることから始まる。僕たちは情報を得て、知性を獲得し、そして理性を身につける。

この知性や理性というものは、本来なら愛することと不可分のはずだった。ところがさっきも言ったように、いまの時代は、それが分断されてしまっている。

少し難しい話になるけれど、これは、「知る」という営みが理性的な営みになっていないことを意味する。

理性的に「知る」とは、世界や他人に「関わりたい」と思って知ろうとすることだ。そうではなくて、たとえば「知る」ことを通じて人をコントロールしたいといった欲望から知ろうとするために「知る」ことへの愛が実感できないんだね。

だから、逆に、

「そんなことを知っても意味はない」

「知っていることがそんなに偉いのか」

などと、反知性主義がのさばってしまうのかもしれないね。

幼い頃、遊びのなかで覚えたことは、身体と結びついていたはず

それからもう一つ。本来、「知る」ことは、僕たちの身体と深く結びついている。

たとえば子どもは、自分の体を使った遊びのなかでいろんなことを学んでいく。これはとても身体的な知恵だ。

ここでは、まだ「知る」ことの先にある理性の獲得まではいっていない。

だけれども僕たちは、身の回りの世界を愛し、だからこそ自分も愛され、自分のなかの他者としての自分も愛せる、という子ども時代から経験する一連のつながりのなかで知恵を積み重ねていくんだね。そして、

それが知性となっていくんだ。

無数に出てくる検索結果
あの情報には身体性がない

人間は、身体をもっている。しかし、この人間の身体性に対応した知というものは姿をひそめ、いまは自分の身体性から遊離した、抽象的な情報がどんどん肥大化している。

その最たるものが、ネット上の情報とそれを引き出すための検索機能だろう。検索をすればいくらでも出てくる、というあり方は、知と人間の身体性との関係が完全に遮断されていることを示しているね。

極端に言えば、ここでは、人間の身体そのものが意味をなさなくなっている。さらには、先に言ったように他者の身体も単なるモノでしかなくなる、ということも起こりうる。これについては、Ｐａｒｔ７でも話をしたい。

キーボードで入力した言葉は、君の脳内で響き渡っている

身体性がないネット上の空間では、とてもひどい言葉が平気で飛び交うこともある。

実は、ある説によると、カチカチと文字を入力しているとき、声には

出さず、耳に聞こえていなくても、脳のなかではその言葉の音が響いているらしい。

つまり、ひどい言葉を書きこんでいる人は、それを唱えているのと同じ。そして、これをずっと続けていると、一種の中毒みたいになって、体がおかしくなってしまう。

たとえばずっと「人を殺したい」とか言い続けたら、僕たちはおかしくなってしまうだろう。

声というのはとても不思議なもので、ただ首から上だけを動かしているのではなく、脳と身体のさまざまな働きの奇跡的な組み合わせで、僕たちの声は出ている。声を出すときの心と身体のメカニズムは、まだ完全には解き明かされていないそうだ。

ネット上にひどい書きこみをするのは、自分で自分を傷つけているのと同じだね。自分で自分の脳を損傷しているのだと自戒したい。

僕らは情報以上のものを読みこみながら、知っていく

たとえばインターネットの書きこみからは、発信者の具体的な姿が浮かんでこない。

ふだん、僕たちはだれかと対話をするとき、相手の表情や仕草を見ながら、いまはちょっと疲れているのかな、というようなことも読みこんでいる。

発せられた情報以上のものを読みこみながら、僕たちは知っていくけれど、インターネットの書きこみではそれをすることができない。

自分には身体がある、ということを認識することはとても大切で、僕は、今後、ＩＴ化だけでは本当に「知る」ということはできないのでは

ないかと思う。

君は何らかの聖典を読んだことがあるだろうか。

実は、世界の聖典は、ぜんぶ話し言葉で書かれている。

「イエス様がこうおっしゃった」とか「子曰く」はもちろん、コーランも、仏典も、だ。そこには身体性があり、それを聞く人は何かを感じとる。イスラム教もキリスト教も、礼拝ではみんなで声を出し、仏教であれば念仏を唱える。

身体性をもった言語に向き合って「知る」ということと、身体性から遊離した抽象的なものをただ情報としてとり入れるということは、同じではない。

情報は、関心をもって手に入れるものじゃないかな

だけれども……と君は言うかもしれない。いまの時代、インターネットなしでは生きていけないぞ、と。

たしかに、ネット上にはあらゆる情報があり、検索するだけで、僕たちはどんな情報も手に入れることができる。僕たちは、もはやスマホやコンピュータなしでは生活を営むことができない。

しかし、情報には、二つの意味がある。

一つは、「ただそこにある」情報。もう一つは、自分の関心と触れ合い、「君の考え方や行動に影響を与える」情報だ。

この二つめの情報を、君はどんな関心をもち、どう引っ張ってくるの

だろう？

検索するだけであらゆる情報が簡単に手に入るからこそ、そこから何を引っ張ってくるか、が大切になる。

情報は関心をもって手に入れるものであり、僕は、それが本当の意味での情報リテラシーだと思う。

関心をともなわない情報は、君にとって「ただそこにある」情報にすぎない。

スマホをただ何となく見て知ったつもりにならないほうがいい

スマホやパソコンは、もはや必要不可欠なものになっている。

ネット上のものを見る時間があったら勉強しろ、と言うつもりはないけれど、スマホをただ「何となく」見ているのなら、その時間は、減らしていくべきだろう。

自分はこれに関心があるからこの情報を引き出そう、という動機づけがつくられておらず、ひしめき合う無数の情報の海におぼれているとすれば、それは問題だ。

大切なのは、関心をもち、そこからしっかりと動機づけをつくり出していくことだ。

これは「ただそこにある」情報からではなく、読書をしたり、モノを考えたり、人と触れ合うことによって養われていくんだね。

Part 7

どうして人を殺してはいけないのだろう?

生命は、すべて同じ価値をもっているのだろうか

なぜ人間の生命は尊いのか、と聞かれれば、君は何と答えるだろうか。考えてみれば、この問いに答えることは非常に難しい。もしかすると、尊いのだから尊いのだ、としか言いようがないのかもしれない。

僕は、理屈で説明できないからこそ、人間は、「すべての人間の生命は尊い」ことにして、その建前を当然のものとしてきたのだと考えている。ここで言う「建前」とは、虚構、フィクションのようなもの。

たとえばドストエフスキーの『罪と罰』では、主人公ラスコーリニコ

フが、どうせ死んでいく金貸しの強欲な老婆を生かしておく必要はない、と考える。これは極端な例だが、君はどう思うだろうか。

自由であるがゆえに人間は根源的に悪を犯す可能性がある

どうして人を殺してはいけないのか、という問いに対する一つの答えは「掟」があるからだというものだろう。

つまり人間は、「人間の生命は尊い」という建前を掟として定め、法律をつくって人の生命を奪った者に罪として罰を与えることにした。

掟とはいわば究極の決まりごとで、ヨーロッパでは、これを「神」に重ねてきた。人間はもともと自由な存在であり、だからこそ、人間には悪を犯す可能性もある。掟がなかったら、結局は何をやってもいいということになってしまう。ただし、人間には、掟があるからこそ「それを破ることに快感を覚える」という一面もあるのだけれど。

人間が人を殺さない状態を、私たちは努力してつくってきた

驚くかもしれないが、精神科医のフロイトによると、実は、人が人を殺すのは必ずしも異常なことではない。人を殺すという衝動《しょうどう》は、だれにでもあるという。

そこで人間は、そうした負の衝動を、社会に受け入れられる他の活動の形に置き替えることで解消する（これを「昇華《しょうか》」という）ために、文化をつくった。

文化によって、人間はそのエネルギーをより肯定的で創造的な営みに向け、戦争や破壊行動に向けない努力をしてきたのだ。

人間は、ほおっておくと、他人の命を奪い、戦争を起こす非常に危うい存在である。だからこそ僕たちは、虚構としての、掟や建前というものを受け入れなくてはならないんだ。

人間は掟をつくり、文化をつくり、絶えざる努力をして、「人を殺さない」社会をつくってきた。これは大変なことだった。

生きている実感をもちたくて、殺人を犯してしまう人がいる

世界的に見れば、いまの日本は凶悪犯罪が少ない国だ。文明が高度に発達した社会では、人を殺すなどの負の衝動《しょうどう》は、それ以外の活動に昇華《しょうか》されている。そのため、殺人はとてもめずらしいできごとに見える。

ただしそれでも、ときおり動機がよくわからない殺人というのが起きる。これは、やはり人を殺すという衝動からきていて、その衝動を実行することでしか、自分が生きているという実感を味わえないからかもしれない。

Ｐａｒｔ６で身体性の話をしたけれど、生きているという実感がないために、殺した相手をモノとしか見られず、自分の身体にも生きている

という実感がもてなくなっている場合があるのかもしれない。

ときどき、お風呂につかって自分の体をふと見たときに、あれ、僕の体ってこんなんだっけ、と何か異物のように思える瞬間がある。あんな感じなのかもしれない。

たとえばプールにもぐり、水面を見ながら、どのくらい水中にいられるかと我慢をする。あぁもうだめだ、死にそうだ、というところまで我慢してバーッと水面に上がり、一気に息を吐き出す……単純なことだけれど、僕はこういうときに自分の身体性と、生きているという実感を強く感じた。

戦争でも、人を殺すということに身体性が感じられなくなってきた

戦争は、人を殺してはいけないという僕たちの大切な「掟」を、国家が守らなくてもよいとして起こる殺し合いだ。

身体性を実感できるかできないかという問題は、人が人を殺す戦争を大きく変えてしまうおそれがある。現に、日本のような「先進国」のなかでは、もはや戦争というものは、ある種の現実感が、感じられなくなるところまできているだろう。

たとえば広島と長崎に原爆を落としたパイロットは、おそらく地上にいる人間の姿を具体的に想像できなかったかもしれない。そして爆弾投下後には、彼は妻や子どもたちと、何もなかったかのように食卓を囲ん

だかもしれない。

相手を目の前にして、最後の断末魔を見るかたちで人を殺害するのであれば、まだ人を殺すということにリアルな身体性を感じることができる。しかし、飛行機から爆弾を投下したのでは、そのリアリティはないはずだね。

だからこそ、戦争はなかなか終わらないのかもしれない。

私たちに、死を思いとどまらせるもの　それは一体何だろう

人間は、生命は尊いという建前をつくり、これを尊重しない者は罰せ

られるというルールをつくった。最大の問題は、この建前というものを、「本音ではないから、現実を本音に合わせよう」と考えがちなことだろう。

でも、突きつめて言えば、建前を虚構と言おうがつくりごとと言おうが、人間は、フィクションをつくりだすことによってしか生きられない生き物なんだ。それがあるから人間は生きていける、と言ってもいい。

この意味で、人間の生命を奪うことは、やはりやってはならないと断言すべきだろう。

言うだけなら簡単と思うかもしれないが、人間は、掟があってはじめて罪という考え方をもつ。逆に言えば、掟がなければ、罪というものは存在しない。

守るべき掟が虚構であれ、建前であれ、人間はそれを大切にして生きるしかないんだ。

高貴な人は自らに苦痛をもたらし、下劣な人は他者に苦痛をもたらす

もちろん、人はなぜ人を殺すのか、という問いに対して、人間はもともとそういう生き物だから、というだけですませるわけにはいかない。

また、他人でなく自分自身の命を奪うことに対しては、貧困、挫折、不治の病など、どうにもならないさまざまな理由がある。その理由は一つひとつちがうだろう。

これは、やはりドストエフスキーが『カラマーゾフの兄弟』で描いた、イワンの問いにつながっていく。

「なぜこの世界は不完全なのか」

「人間には愛があり、掟があるのに、なぜこんなにも不幸や苦痛、そし

て悪がのさばるのか?」

この不完全な世界に対する憎しみを、人間は他人の命を奪うというかたちで表すこともあれば、自己嫌悪、自己否定のあげく自分の命を奪うというかたちで表すこともある。

とても難しいことだけれども、問題は、自分は世界の一部であり、社会の一部であり、他者と交わりをもってこの世界に生きている、という実感がもてるかどうかにかかっているのだと、僕は思う。

この実感があれば、他人であれ自分自身であれ、その命を奪うことはしないはずなのだ。

自分が世界の一部だという実感は、だれかから愛情を受けたり、だれかから見守られていることが自覚できたときに生まれる。そのためには、人と出会い、他者と交わることがどうしても必要なんだ。

その死をどう捉えるか、生者が、死者を意味づける

安楽死や自死というかたちの「死」の受け止め方は、今を生きている人にゆだねられている。そこでは、「命を奪ってはならない」という建前とは違う受け止め方が許されている。

たとえば、「自ら死を選んではいけない」という建前はわかっていても、残された人々は「とても苦しかったからこういう選択をしたんだろう」とか、「突然起こった不幸ではなくて、それまでに彼は充実した人生を送ったのだ」という心情をもって受け止めることもありうる。

さっきも言ったように、人間は、ほおっておくと戦争を起こすような危うい存在だ。

だから虚構としての掟や建前は必要だけれど、建前ではわりきれない、こうした心情が存在する余地がなければ、僕たちは生きていくことができない。

そう考えると、人間の死というものは、実は生と同じように、さまざまな意味をもつんだね。

社会のなかで、ある人間が死ぬということは、どういうことだろう

いまの社会では、人間が死ぬということ自体も完全に自由ではなくなっている。

医学的な死、法律上の死、あるいは社会的な意味における死など、死そのものがかなり多義的だし、人々の見解が必ずしも一致しているわけでもない。

たとえば脳死を認める社会と、認めない社会がある。また、医者が死だと判断しても、家族がそうとは納得しない場合もある。

つまり、死とはこういうものである、とひと言で言うことはできない。

しかしここでも、やはりまず建前がなくてはならないと僕は思う。

生命は尊く、だからこそ生命は単なる個人の所有物にとどまるのではない――こうした建前としての虚構があって、はじめてそれ以外のものが見えてくるだろう。そこを踏みはずしてしまうと危険なことになる。

「命は大切である」

「生命を奪ってはいけない」

といった建前をとりはらい、人間が自由に選択できてしまったら、世のなかはどうなってしまうかと考えてみてほしい。

だれかに起こった不幸なできごとは、決して他者と無関係ではないんだ

最後に「自己責任」という言葉について考えてみたい。君はこれを「自業自得」のことだと思っていないだろうか。

たとえば、正社員として働いていた人が、会社の都合で非正規社員になってしまったとする。彼は生活が苦しいから、夜に別のアルバイトを始めた。しかし忙しすぎて、病気になってしまった。

生活保護を受けたいけれど、実は連絡のつかなくなってしまった家族が資産をもっており、家族に資産がある限り、たとえ連絡がつかなくなっていても生活保護は受けられない。とうとう彼は、ホームレスになり、病気を悪化させ命を落としてしまった……。

この場合「彼は自分でその生き方を選んだのだから仕方がない、彼の自己責任だ」と言えるだろうか。

僕は、それはまちがいだと思う。なぜなら、「自己責任」は、個人としての彼しか見ておらず、社会の存在を含んでいないからだ。

個人が自分で自分のことをとりしきり、自由な選択ができるから、その結果、招いたことも自分の責任だ、と断定できるだろうか。

つまり、「自己責任」とは、他人の運命は自分とは関係がないということであり、自己責任論の背景には、「社会は存在しない」というメッセージがあるとしか思えない。

しかし僕たちは、一人で生きることはできず、社会のなかで、社会とともにしか生きられないはずだ。

だれかに起こった不幸なできごとは、社会のなかで起きるのであり、決して他者と無関係ではない。

自分と他者を切り離すような「自己責任」という言葉は、助け合い、ともに生きるという人間存在の根幹を否定しているように思える。

自己責任論は、1970年代の終わりくらいから語られるようになった。それ以前には、そんな言葉はあまり見当たらなかった。かわりに、「助け合い」という言葉は少しずつすたれている。

「自己責任」という言葉に隠された本当の意味は何だろう

「責任」は、英語のresponsibilityの訳語である。

そしてresponsibilityは、

「他者の問いかけに答えることができること」＝「応答可能性」

という意味だ。

つまり、責任は、聞かれて答える、というコミュニケーションで成り立つものだと言える。

ところが、社会の存在を無視し、個人だけに責任を求める「自己責任」という考え方では、まずコミュニケーションが断たれている。

「自分でやったことは自分で始末しなさい、私たちは知らないよ」というのは、本来の責任の意味ではない。

こうやって考えていくと、自己責任だけですべてを切り捨てることはできないと僕は思う。自己責任論というものは、すぐに浸透しやすいからこそ、しっかりと考える必要がある。

Part 8

「生きる」ということ

苦しくても、人生にイエスと言う
大切なことは、生きること

この世のなかで一番大切なものは何だろうか。

僕は、やはり「生きる」ということだと思う。「命」というよりも、「生きる」ことだと言いたい。

動詞形で「生きている」これが一番大切で、さらに言えば、他者とともに生きるのであり、それはともに愛する、ともに苦しむということでもある。

なかなか実感できるものではないけれど、大切なのは「生きる」ということなんだ。

では、悩みだらけの人生でも生きる意味はあるのだろうか？

ニーチェは著書『道徳の系譜』のなかで、苦悩することは決して苦しみではなく、むしろ人間は苦悩を味わい、楽しんでいたと書いている。

ではなぜ僕たちは、こんなにも悩み苦しむのか。答えは簡単で、苦悩する意味がわからないからだ。

昔は、いま苦しくても事態はいつか好転する、と信じることができた。

たとえば日本の高度経済成長期（いまから約半世紀ほど前）には、中卒で地方から都会の町工場へ働きにきた若者も、がんばれば自分の工場をもてると言われた。そして、みんながそうではなかったにしても、多くの人々がそれを実現することができた。

「苦労は必ずむくわれる」

「若いときの苦労は買ってでもせよ」

という言葉を信じることができた時代だった。

しかし、もはやこれは通用しない。

「強者はよりいっそう強者になり、弱者はいつまでも弱者のままである」

と考えられがちないまの時代には、今日の苦悩が明日の幸せにつながる、と実感することが難しいからだ。これでは、なぜ苦悩しなくてはいけないのか、と思うのも当然だろう。

だから問題は、悩みそのものではなくて、苦悩する意味がわからないことだ。

苦悩の意味がわからなければ、生きている意味もわからない。幸せや喜びよりも、悩みや苦しみを感じることのほうが多いとすれば、なぜ僕たちは苦悩を抱えて生きなければいけないのか。

苦悩の意味を何とか見つけ出そうとして出てきたのが、僕は宗教だと思う

生きていると、さまざまな苦悩がある。

不幸、劣等感、社会的な貧困、失業、不健康、挫折……苦悩なしの人生などありえない。

僕は、生きる意味を何とか見つけるために宗教が生まれたのだと思う。

仏教であれば、煩悩《ぼんのう》から悟りを開く。キリスト教であれば、そこからの

救済を説く。

人間はまた、生きるために政治という仕組みもつくりだした。

政治とは、人間がともになぐさめ合う仕組みだ。人間はひとりぼっちではなく、病める人間や苦悩している人間がいるならば、みんなでなぐさめて、よりよい社会にしていこうとするのが政治である。

宗教は、政治では解決できない苦悩になぐさめを与える仕組みだろう。

僕は、いまの社会が抱える大きな問題は、この政治と宗教から人々が遠ざかっていることだと思う。

その典型的な例が、「無党派」「無宗教」という言葉だ。若者に信仰をもっているかと聞くと、ほとんどの人は無宗教だと答える。

15歳にもなれば少しは政治に目覚めていると思うけれど、君たちは無党派かと質問すると、みんながそうだと言う。宗教についても、政治についても考えたことがなく、若者にも、大人にも、「何ということもなく」という空気だけが漂っている。

漱石は「日本は神にも人にも信仰のない国柄である……」と書いた

宗教も、政治も関係ないとなると、大切なものがわからなくなり、生きていることの意味を見いだすことは難しい。受験で成功することや、出世することが大切だと、ただ「何となく」思われている。

たとえばアメリカでは、いい悪いは別にして、キリスト教の考えがいまも社会に生きている。フランスであれば、共和国であるという政治思想が生きていて、政治への関心が高い。それに比べると、いまの日本社会では、大人も若者も浮遊するような人が増えているように見える。

ふわふわと浮遊しているから、世論は右から左へと常に揺れ動き、ネット上などで感情のうねりが起きると、一気にどちらかに流される。

先進国のなかで、これほどまでに宗教と政治への関心が薄く、宗教と政治がタブー視されている社会はめずらしいだろう。

そして僕が知る限り、君たちは、これについて考えるための場を与えられていないんじゃないかな。


ただ受け入れているだけ、まる暗記、そうするとやっぱり浮遊しちゃう

僕は、生きることの基盤とは、

「何を信じ、よりどころにするか」ということだと思う。自分にとってもっとも大切なこと、と言ってもいいだろう。社会のなかで、ともに生きる一人ひとりの自由と尊厳を重んじたうえで、僕たちは、それぞれが信じてよりどころにするべきものを見つけなくてはならない。

それは他人から与えられるものではなく、そのために僕たちは教育を受け、学び、思考する。他人から与えられたものをただ受け入れ、まる暗記するだけでは、君はいつまでも浮遊し続けることになる。

学ぶとは、模倣を通じて、自分が独立していくことだ。僕たちは、人と出会い、イニシエーション（何らかの試練を通じて知恵を得ること）を受けることで、自分にとってもっとも大切なものは何かを理解するようになる。

たとえば僕は、野球をやりなさいとすすめられ、がんばったけれど、途中で挫折した。大学に入っても、ただ何となく大学に通っていた。

だけれども、やがて友人や先輩と出会うことでイニシエーションを受け、そこから僕は、本当の意味でモノを考えるということを知った。自分は何者なのか、さまざまな悩みを抱えながら自分はこの世界とどう向き合っていけばいいのかと、自分で考えられるようになった。

自分がこの世界の一部であることを受け入れられるように生きる

このときに一番やるせないのは、自分という人間がイヤになってしまうことだろう。

「自分は自分以外の人間にはなれない。だとしたら、もうこんな自分からは逃げてしまいたい……」

そんな考えをもつのは、弱い人間だという人もいるだろう。でも、僕はそうは思わない。僕自身がそうだったからだ。

僕たちは、自分がイヤになってしまったときに、よりどころとするべきものをもっていなくてはならない。

それがあったなら、自分を受け止め、世界を受け止めて、生きようと考えることができる。

「自分はこの世界の一部なのだから、この世界を受け止めよう」

と思えなければ、生きることは苦痛にならざるをえない。

世界と自分との間に大きな溝ができ、やがてその溝が社会や世界、そして他者に対する憎しみやルサンチマン（怨《うら》み）になってしまったら、暴力や破壊への衝動《しょうどう》が頭をもたげるかもしれない。

究極的には、死を選ぶといった場合もあるだろう。

自分の姿だけを鏡に映して見ている限りは、そこから抜け出せない

「生きる」とは、孤立したまま世界と対立して生きていくのではなく、自分はこの世界の一部なんだと受け止めて、他人や社会とともに生きていくということだ。

社会を批判するなというのではない。あるべき姿を求めているからこそ批判するのであって、批判は、社会との断絶を意味するのではなく、その逆だ。

そして、自分はこの世界の一部だと受け止めて生きていくとき、人から愛されるという経験をすると、僕たちは生きることの大切さを実感できるのだと思う。

苦悩する意味がわからず、生きる意味もわからない――そんな状態から抜け出すには、自分という城から外に出て、人と出会わなくてはならない。

それにはわずかな努力と、わずかな勇気が必要だ。君は、その決断をしなくてはならない。

未知のものがあるということが やっぱり自分を生かしていると思う

人間には、意志というものがある。

「どうして自分は生きていかなければいけないのか」

「どこに意味があるんだろうか」
と考えるのも、この意志の働きによっている。
「未知のものがあることに生きる意味がある」
と僕は、考えている。そして、これを青春と呼ぶのだと思う。なぜなら、青春とは、まだ未完成だということだからだ。

僕たちの社会はあまりにも老衰化し、あらゆる情報にあふれているので、もしかすると「未知」や「未完成」という感覚すらもてなくなっているのかもしれない。

だけれども、もう未知のものがない、ということはありえない。

もしも君が、なぜ生きていくのか、生きる意味とは何なのか、と悩んでいるならば、君の先には未知なるものがあり、だからここで閉じる必要はない、と考えてほしい。その感覚を失ってはいけないのだ。

まだ若い君は、いくらでも未知なるものへのあこがれをもつことができる。

「行ったことのない国へ行ってみたい」
「会ったことのない人に会ってみたい」
など、何でもいい。未知なるものが待っている、ということが生きる喜びをつくりだす。

君のまわりにはあらゆる情報があふれ、どれだけ君がいろいろな情報を得ようとも、やっぱり世界は未知なるもの。そこを見失わなければ、生きていることに、必ず意味を見いだせるはずだ。

いまがどれだけ苦しくても、必ず未知なるものがある。それが僕たちを生かしていくのだと思う。

君は神様に、「なぜ?」と問いかけたり、お願いごとをしたりしたことはある?

たとえばいじめに悩む子は、どうしてこんなにいじめられるのかと苦しみ「僕に力をください」とか、いじめる側の子たちに「罰を与えてほしい」などと願うだろう。

困ったときに、僕たちのだれもが一度は神頼みということをしたことがあると思う。だけど「神様っているの?」と聞かれたら、普通は、「そんなものはいない」と答えるだろう。

では、神様はいないのだろうか? こんなにも科学が発達した世界で「神は存在する、この宇宙は神が創造したのだ」なんて、ばかばかしいだろうか。

しかし、僕はこう考えてみたいのだ。

「神がいるのかいないのかという問いは、ここにコップがあるかないかという問いとはまったくちがう」と。

たとえば人間に心はあるのか、と聞かれたら、君はどう答えるだろう。科学的に証明されていないからといって「ない」と言い切れるだろうか。神様はいるのかいないのか、という問いはこれに近い。

僕たちの科学的知識は神の存在を否定するけれど、コップがあるかないかとは次元のちがう問いかけであり、科学的な証明を求めているのではないんだ。

「こんなに僕をいじめる人間たちがいるのに、神様はいるのか？」と考えたそのとき、この世界はどうしてこんなに不完全なのか、この世界に愛はないのだろうか、と問いかけていることになるね。

僕は、神様はいるのか、と考えることがバカげているのではなく、そうした問いかけをしてみることに意味があるのだと思う。なぜなら、そうすることで、君は、世界に関わろうとしているからだ。

君たちは、地球のなかで
ひとりぼっちでいたら、何をしたい?

もしも君がひとりぼっちでこの世界にとり残されたとしたら、君はどうするだろう?

多くの人は、絶望にかられるだろう。そして、ほかにだれかいないかと、あたりを探しまわるのではないだろうか。

「この無限の空間の永遠の沈黙はわたしを戦慄させる」

というパスカルの言葉がある。

たしかに、地球にたった一人、自分だけがぽつねんといるとしたら、身の毛がよだつほどの戦慄を覚えるだろう。

そのときの自分を想像すれば、人間は一人ではない、ということの意味がより鮮明に浮かんでくることと思う。そして、いまこの世界で君がひとちぼっちでないことを喜ぶことができるのではないだろうか。

世界に一人きりだったらなんて、ばかげた質問かもしれないが、僕は、こんな想像をしてみることに意味があると思う。たとえば……。

「世界に一人きりの君がどうしても読みたい本は何か？」

「地球に君一人しかいなくても、君は生き延びられるだろうか？」

「そのとき君は、何がしたい？　そして、どこへ行く？」

「君しかいない地球から、太陽や月や星はどんなふうに見えるだろう？」

「それは、絶対的孤独というものだろうか」

「世界はただの闇のようなものだろうか」

「そこでも希望があるとしたら、何だろう。それとも、絶望しかないのだろうか？」

「たとえ嫌いな人でも、だれかにいてほしいと思うんじゃないか」

「君のほかにもう一人だけ生き延びられるとしたら、だれにいてほしい？」

そして、

「君もいなくなったあと、人間のいない世界は、幸せだと思う？」

どうだろう。いままでは見えなかったものが見えてくるのではないだろうか。

むすびにかえて

丸太を渡ろう、君たち

本書を読み終えて、君のなかにどんな変化が起きただろうか。一ミリでも、何か前に進んだ気分になれば、読んだ甲斐があったことになるね。

「未知のもの」が君を待っているけれど、君はこれから、丸太の上を渡って行かなければならないんだ。子どもから大人へと移り変わってゆくこと、それは丸太の上を渡って行くようなものなんだよ。でも、その丸太は、深い峡谷の上にかかっていて、少しでも足を滑らせば真っ逆さまに谷底に堕ちてしまうような、危うい丸太なんだ。

普段は濃霧が立ちこめて、丸太は地面の上に置かれているように見えるんだね。だから、誰でもすっと渡って行けるように思えるんだけれど、たまに丸太を渡ろうとして、霧の晴れ間から、谷底を覗いてしまい、足がすくんで、進むことも、もどることもできない人がいるんだ。恐いんだね、不安なんだね。そうすると、大人になりたくない、昔にもどりたいと思ってしまうこともあるんだよ。喩えて言えば、君はちょうどそんな時期にいるんだ。

またなんなく丸太を渡りきった人でも、丸太を渡ったことで、何かとても大切なものを失ってしまった、そんな気持ちになることもあるかもしれない。でも、考えてほしい。大人になるって、決してそれ自体、幸せで、楽しいことではないかもしれないけれど、それでも、「未知のもの」と出会い、それを通じて自分には想像もできなかったような、新しい自分に出会うことになるかもしれないって。

君は、君も知らない「未知の自分」に出会いたいと思わないかい。君が知っているように思う現在の自分が、君のすべてではないんだ。「未知のもの」が、そして「未知の自分」が君を待っているんだよ。だから、尻込みしたり、不安になったりしても、さあ渡ってみよう、丸太を——子どもから大人への人生の丸太を。

君に伝えたいこと

2015年12月16日　第1刷発行

著者――――――姜《かん》尚《さん》中《じゅん》
発　行　者―――伊藤滋
発　行　所―――株式会社自由国民社
〒171-0033　東京都豊島区高田3-10-11
TEL　03-6233-0781(営業部)
03-6233-0788(編集部)
FAX　03-6233-0791
印　刷　所―――大日本印刷株式会社
製　本　所―――新風製本株式会社
本文DTP―――有限会社中央制作社